AF316943

ABHANDLUNGEN ÜBER DIE PRINCIPIEN DER MENSCHLICHEN ERKENNTNIS

GEORGE BERKELEY

Übersetzt von
FRIEDRICH UEBERWEG

INHALT

Einleitung   I
Ueber die Principien der menschlichen   27
Erkenntniss

EINLEITUNG

Da die *Philosophie* nichts anderes ist als das Streben nach Weisheit und Wahrheit, so sollte man vernunftgemäss erwarten dürfen, dass die, welche am meisten Zeit und Mühe auf dieselbe verwendet haben, sich einer grösseren Ruhe und Heiterkeit des Gemüthes, einer grösseren Klarheit und Sicherheit der Erkenntniss erfreuen und weniger durch Zweifel und Bedenken beunruhigt werden, als andere Menschen. Wir sehen dagegen, dass vielmehr die ungelehrte Menge der Menschen, die auf der Landstrasse des schlichten Menschenverstandes wandelt und durch die Gebote der Natur geleitet wird, grösstentheils zufrieden und ruhig lebt. Ihnen scheint nichts, was gewöhnlich ist, unerklärlich oder schwer zu begreifen. Sie klagen nicht über irgend welche Unzuverlässigkeit ihrer Sinne und sind ganz frei von der Gefahr, in Zweifelsucht zu gerathen. Sobald wir aber der Leitung der Sinne und der Natur uns entziehen, um dem Lichte eines höheren Princips zu folgen, um über die Natur der Dinge Schlüsse zu ziehen, nachzudenken, zu reflectiren, so erheben sich sofort tausend Zweifel in unserem Geist in Betreff eben der Dinge, welche wir vorher völlig zu begreifen meinten. Vorurtheile und Irrthümer der Sinne enthüllen sich von allen Seiten her unserem Blick, und indem wir diese durch Nachdenken zu berichtigen streben, werden wir unvermerkt in seltsame, von der gewöhnlichen Meinung abweichende Behauptungen, Schwierigkeiten und Widersprüche verstrickt, die sich in dem Maasse, als wir in der Betrachtung weiter gehen, vermehren und steigern, bis wir zuletzt, nachdem wir manche verschlungene Irrgänge durchwandert haben, uns gerade an dem Punkte wiederfinden, von welchem wir ausgegangen waren, oder, was schlimmer ist, bis wir die Forschung aufgeben und, in Zweifelsucht verloren, die Hände in den Schooss legen.

II. Man hält dafür, die Ursache hiervon liege in der Dunkelheit der Dinge oder in der natürlichen Schwäche und Unvollkommenheit unseres Verstandes. Man sagt, unsere Geisteskräfte seien beschränkt, und dieselben seien von der Natur dazu bestimmt, zur Erhaltung und Erleichterung des Lebens zu dienen, nicht zur Erforschung des inneren Wesens und der Einrichtung der Dinge. Zudem sei es nicht verwunderlich, dass der menschliche Verstand, da er endlich sei, wenn er Dinge behandle, die an der Unendlichkeit Theil haben, in Ungereimtheiten und Widersprüche verfalle, aus welchen sich jemals herauszuarbeiten ihm unmöglich sei, da es zu der Natur des Unendlichen gehöre, nicht vom Endlichen begriffen werden zu können.

III. Doch sind wir vielleicht zu parteiisch für uns selbst eingenommen, wenn wir die Quelle des Fehlers in den Anlagen unseres Geistes suchen und nicht vielmehr in dem unrichtigen Gebrauch, den wir von denselben machen. Es ist misslich, vorauszusetzen, dass richtige Schlüsse aus wahren Vordersätzen jemals zu Endergebnissen führen sollten, welche nicht aufrecht erhalten oder mit einander in Uebereinstimmung gebracht werden könnten. Man sollte doch denken, dass Gott nicht so ungütig gegen die Menschenkinder verfahren sei, diesen ein lebhaftes Verlangen nach einem Wissen einzuflössen, welches er ihnen zugleich völlig unerreichbar gemacht hätte. Dies würde nicht zu dem gewöhnlichen liebevollen Verfahren der Vorsehung stimmen, mit welchem sie regelmässig ihren Geschöpfen die Mittel gegeben hat, durch deren rechten Gebrauch dieselben alle ihnen eingepflanzten Triebe unfehlbar zu befriedigen vermögen. Kurz, ich bin geneigt, zu glauben, dass weitaus die meisten, wo nicht alle Schwierigkeiten, welche bisher die Philosophen hingehalten und ihnen den Weg zur Erkenntniss versperrt haben, durchaus von uns selbst verschuldet seien; dass wir zuerst eine Staubwolke erregt haben und uns dann beklagen, nicht sehen zu kennen.

IV. Mein Vorsatz ist demgemäss, zu versuchen, ob ich ausfindig machen kann, welche Grundannahmen es seien, die jene Fülle von Zweifeln und jenes unsichere Schwanken, die alle jene Ungereimtheiten und Widersprüche bei den verschiedenen Secten der Philosophen in solchem Maasse verursacht haben, dass die weisesten Menschen unsere Unwissenheit für unheilbar gehalten haben, indem sie annahmen, dieselbe rühre von der natürlichen Schwäche und Beschränktheit unserer Geisteskräfte her. Und es ist gewiss eine die Mühe lohnende Aufgabe, eine genaue Untersuchung über die ersten Principien der *menschlichen Erkenntniss* anzustellen, dieselben allseitig zu sichten und zu prüfen, zumal da die Vermuthung nicht unbegründet sein durfte, dass jene Hindernisse und Anstösse, welche den Geist bei dem Suchen der Wahrheit aufhalten und verwirren, nicht sowohl in irgend einer Dunkelheit und Verwickelung der Objecte oder in einer natürlichen Schwäche des Verstandes ihre Quelle haben, als vielmehr in falschen Grundannahmen, an denen man festgehalten hat und die sich doch hätten vermeiden lassen.

V. Wie schwierig und aussichtslos auch immer dieser Versuch erscheinen mag, wenn ich in Betracht ziehe, wie viele grosse und ausserordentliche Männer vor mir die gleiche Absicht gehegt haben, so bin ich doch nicht ohne einige Hoffnung, welche sich auf die Erwägung gründet, dass die weitesten Aussichten nicht immer die deutlichsten sind, und dass der Kurzsichtige, weil er genöthigt ist, die Objecte dem Auge näher zu bringen, vielleicht durch eine genaue Besichtigung aus geringer Entfernung solches zu erkennen vermag, was weit besseren Augen entgangen ist.

VI. Um den Geist des Lesers zu einem leichteren Verständniss des Folgenden zu befähigen, ist es angemessen, Einiges einleitend vorauszuschicken, was das Wesen und den falschen Gebrauch der *Sprache* betrifft. Die Erörterung dieses Gegenstandes aber führt mich dazu, einigermaassen meine Hauptfrage schon im Voraus mitzubehandeln, indem ich etwas berühre, das einen Hauptantheil an der Verwickelung und Trübung der Forschung gehabt und unzählige Irrthümer und Anstösse in fast allen Theilen der Wissenschaft veranlasst zu haben scheint. Dies ist die Meinung, der Geist habe ein Vermögen, *abstracte Ideen* (»abstract ideas«) oder Begriffe (»notions«) von Dingen zu bilden. Wer nicht durchaus ein Fremdling in den Schriften und Disputationen der Philosophen ist, muss zugeben, dass kein kleiner Theil derselben sich auf abstracte Ideen bezieht. Man nimmt an, dass diese vorzugsweise dass Object der Wissenschaften bilden, welche die Namen *Logik* und *Metaphysik* tragen, und überhaupt derjenigen, welche für die abstractesten und höchsten Lehrobjecte gelten; in diesen allen wird man schwerlich eine Frage so behandelt finden, dass nicht vorausgesetzt würde, dass abstracte Ideen in dem Geiste existiren und dieser mit denselben wohl bekannt sei.

VII. Allseitig wird anerkannt, dass die Eigenschaften (Qualitäten) oder Beschaffenheiten (Modi, Daseinsweisen) der Dinge nicht einzeln für sich und gesondert von allen anderen in Wirklichkeit existiren, sondern dass jedesmal mehrere derselben in dem nämlichen Object gleichsam mit einander vermischt und verbunden seien. Man sagt uns aber, dass der Geist, da er fähig sei, jede Eigenschaft einzeln zu betrachten, oder sie von den anderen Eigenschaften, mit welchen sie vereinigt ist, abzusondern, hierdurch sich selbst abstracte Ideen bilde. Wenn z.B. durch den Gesichtssinn ein ausgedehntes, farbiges und bewegtes Object wahrgenommen worden ist, so bildet, sagt man, der Geist, indem er diese gemischte oder zusammengesetzte Idee in ihre einfachen Bestandtheile auflöst und einen jeden derselben für sich mit Ausschluss der übrigen betrachtet, die abstracten Ideen der Ausdehnung, Farbe, Bewegung. Nicht als ob es möglich wäre, dass Farbe oder Bewegung ohne Ausdehnung existiren; es soll nur der Geist für sich selbst durch *Abstraction* die Idee der Farbe ohne Ausdehnung und der Bewegung ohne Farbe und Ausdehnung bilden können.

VIII. Da ferner der Geist beobachtet hat, dass in den einzelnen durch die Sinne wahrgenommenen Ausdehnungen etwas Gleiches, ihnen allen Gemeinsames ist, und etwas Anderes, den einzelnen Ausdehnungen Eigenthümliches, wie diese oder jene Form oder Grösse, wodurch sie sich von einander unterscheiden: so betrachtet er das Gemeinsame besonders oder scheidet es als ein Object für sich ab, und bildet demgemäss eine sehr abstracte Idee einer Ausdehnung, die weder Linie, noch Fläche, noch Körper ist, noch auch irgend eine bestimmte Form oder Grösse hat, sondern eine von diesem allem abgelöste Idee ist. In gleicher Weise bildet der Geist, indem er von den einzelnen sinnlich percipirten Farben dasjenige weglässt, was dieselben von einander unterscheidet, und nur dasjenige zurückbehält, was allen gemeinsam ist, eine Idee von Farbe in abstracto, die weder Roth, noch Blau, noch Weiss, noch irgend eine andere bestimmte Farbe ist. In gleicher Art wird auch die abstracte Idee der Bewegung, welche gleichmässig allen einzelnen sinnlich wahrgenommenen Bewegungen entspricht, dadurch gebildet, dass die Bewegung nicht nur abgesondert von dem bewegten Körper, sondern ebenso auch von der beschriebenen Figur und von allen besonderen Richtungen und Geschwindigkeiten betrachtet wird.

IX. Wie der Geist sich abstracte Ideen von Eigenschaften oder Beschaffenheiten (Bestimmtheiten, Modis) bildet, so erlangt er durch denselben Act der sondernden Unterscheidung oder Vorstellungszerlegung auch abstracte Ideen von den mehr zusammengesetzten Dingen, welche verschiedene zusammen existirende Eigenschaften enthalten. Hat z.B. der Geist beobachtet, dass Peter, Jakob und Johann einander durch gewisse, ihnen allen gemeinsam zukommende Bestimmtheiten der Gestalt und anderer Eigenschaften gleichen, so lässt er aus der complexen oder zusammengesetzten Idee, die er von Peter, Jakob und anderen einzelnen Menschen hat, dasjenige weg, was einem jeden derselben eigenthümlich ist, behält nur dasjenige zurück, was ihnen allen gemeinsam ist, und bildet so eine abstracte Idee, an welcher alle einzelnen gleichmässig Theil haben, indem er von allen den Umständen und Unterschieden, welche dieselbe zu irgend einer Einzelexistenz gestalten können, gänzlich abstrahirt und dieselben ausscheidet. Auf diese Weise, sagt man, erlangen wir die abstracte Idee des Menschen oder, wenn wir lieber wollen, der Menschheit oder der menschlichen Natur, worin zwar die Idee der Farbe liegt, da kein Mensch ohne Farbe ist, aber dies kann weder die weisse, noch die schwarze, noch irgend eine andere einzelne Farbe sein, weil es keine einzelne Farbe giebt, an der alle Menschen theilhaben. Ebenso liegt darin auch die Idee der Körpergestalt, aber dies ist weder eine grosse, noch eine kleine, noch eine mittlere Gestalt, sondern etwas von diesen allen Abstrahirtes. Das Gleiche gilt von allem Uebrigen. Da es ferner eine grosse Menge anderer Geschöpfe giebt, die in einigen Theilen, aber nicht in allen mit der abstracten Idee »*Mensch*« übereinkommen, so lässt der Geist die Theile weg, welche den Menschen eigenthümlich sind, hält nur diejenigen fest, welche allen lebenden Wesen gemeinsam sind, und bildet so die Idee des »*animal*«, worin nicht nur von allen einzelnen Menschen, sondern auch von allen Vögeln, Vierfüsslern, Fischen und Insekten abstrahirt wird. Die constituirenden Theile der abstracten Idee eines Thieres (animal) sind: Körper, Leben, Sinnesempfindung und freiwillige Bewegung, unter »*Körper*« wird verstanden ein Körper ohne irgend eine besondere Gestalt oder Figur, da keine solche allen Thieren gemeinsam ist, ohne Bedeckung mit Haaren, Federn oder Schuppen u.s.w., aber auch nicht nackt, da Haare, Federn, Schuppen und Nacktheit unterscheidende Eigenthümlichkeiten einzelner Thiere sind und darum aus der abstracten Idee wegbleiben. Aus demselben Grunde darf die freiwillige Bewegung weder ein Gehen, noch ein Fliegen, noch ein Kriechen sein; sie ist nichtsdestoweniger eine Bewegung, – was für eine Bewegung aber, ist nicht leicht zu begreifen.

X. Ob Andere diese wunderbare Fähigkeit der *Ideenabstraction* besitzen, können sie uns am besten sagen; was mich betrifft, so finde ich in der That in mir eine Fähigkeit, mir die Ideen der einzelnen Dinge, die ich wahrgenommen habe, vorzustellen oder zu vergegenwärtigen, und dieselben mannichfach zusammenzusetzen und zu theilen. Ich kann mir einen Mann mit zwei Köpfen oder auch die oberen Theile eines Menschen mit dem Leibe eines Pferdes verbunden vorstellen. Ich kann die Hand, das Auge, die Nase, jedes für sich abstract oder getrennt von den übrigen Theilen des Körpers betrachten. Was für eine Hand oder was für ein Auge ich dann aber auch mir vorstellen mag, so muss doch dieser Hand oder diesem Auge irgend eine bestimmte Gestalt und Farbe zukommen. Ebenso muss auch die Idee eines Mannes, die ich mir bilde, entweder die eines weissen oder eines schwarzen oder eines rothhäutigen, eines gerade oder krumm gewachsenen, eines grossen oder kleinen oder eines Mannes von mittlerer Grösse sein. Es ist unmöglich, durch ein angestrengtes Denken die oben beschriebene abstracte Idee zu erfassen. Ebenso unmöglich ist es mir, die abstracte Idee einer Bewegung ohne einen sich bewegenden Körper, die weder schnell, noch langsam, weder krummlinig, noch geradlinig sei, zu bilden, und das Gleiche gilt von jedweder anderen abstracten allgemeinen Idee. Um mich genauer zu erklären: ich finde mich selbst befähigt zur Abstraction in Einem Sinne, nämlich wenn ich gewisse einzelne Theile oder Eigenschaften gesondert von anderen betrachte, mit denen sie zwar in irgend welchem Object vereinigt sind, ohne die sie aber in Wirklichkeit existiren können. Aber ich finde mich nicht befähigt, diejenigen Eigenschaften von einander durch

Abstraction zu trennen oder gesondert zu betrachten, welche nicht möglicherweise ebenso gesondert existiren können, oder einen allgemeinen Begriff durch Abstraction von den besonderen in der vorhin bezeichneten Weise zu bilden. In diesen beiden letzteren Bedeutungen aber wird eigentlich der Terminus *Abstraction* gebraucht. Auch ist die Annahme nicht unbegründet, dass die meisten Menschen zugeben werden, mit mir in gleichem Falle zu sein. Die meisten Menschen, welche schlicht und ungelehrt sind, machen keinen Anspruch auf den Besitz abstracter Begriffe. Man sagt, dieselben seien schwierig und nicht ohne Mühe und Studium zu erlangen. Wir dürfen nach dem Obigen vernünftigerweise schliessen, dass, wenn es abstracte Ideen giebt, dieselben nur bei Gelehrten sich finden.

XI. Ich schreite nun zur Prüfung dessen fort, was zur Vertheidigung der Lehre von der Abstraction vorgebracht werden kann, und versuche zu entdecken, was es sei, wodurch wissenschaftliche Männer bewegen werden, eine Meinung anzunehmen, welche dem gemeinen Menschenverstande so fremd ist, wie es diese zu sein scheint. Ein kürzlich verstorbener, mit Recht geschätzter Philosoph hat ohne Zweifel dieser Meinung grossen Vorschub geleistet, indem er zu denken scheint, der Besitz abstracter Ideen sei das, was zwischen der Verstandeskraft des Menschen und der Thiere den grössten Unterschied ausmache. »Der Besitz allgemeiner Ideen« (sagt er) »begründet einen durchgängigen Unterschied zwischen dem Menschen und den vernunftlosen Wesen und ist ein Vorzug, der den Fähigkeiten der letzteren in keiner Weise erreichbar ist. Denn es ist offenbar, dass wir bei denselben keine Spur des Gebrauches allgemeiner Zeichen für universale Ideen finden, wonach wir Grund haben anzunehmen, dass sie nicht die Fähigkeit zu abstrahiren oder allgemeine Ideen zu bilden besitzen, da sie keine Worte oder irgend welche allgemeine Zeichen gebrauchen.« Und kurz nachher: »Demgemäss dürfen wir, denke ich, annehmen, dass hierin der specifische Unterschied der Thiere von den Menschen bestehe; dieser eigenthümliche Unterschied sondert sie gänzlich und erweitert sich zuletzt zu einem so beträchtlichen Abstände. Denn haben die Thiere überhaupt irgend welche Vorstellungen und sind sie nicht, wie Einige wollen, blosse Maschinen, so können wir nicht leugnen, dass sie in einem gewissen Sinne Vernunft besitzen. Ebenso offenbar wie die Thatsache, dass sie Sinne besitzen, scheint mir auch dies zu sein, dass einige von ihnen in gewissen Fällen Schlüsse ziehen, aber nur mittelst solcher Einzelvorstellungen, wie sie dieselben von ihren Sinnen empfangen. Auch die obersten Thierklassen bleiben in diese engen Grenzen gebannt, und vermögen dieselben nicht durch irgend welche Abstraction zu erweitern.« (Versuch über den menschlichen Verstand, Buch II, Cap. IX, Section 10 u. 11.) Ich stimme diesem gelehrten Schriftsteller unbedenklich darin bei, dass den Fälligkeiten der Thiere die Abstraction durchaus unerreichbar sei; nur fürchte ich, dass, wenn hierin ihr Unterscheidungsmerkmal liegen soll, sehr viele von denen, die für Menschen gelten, mit ihnen in Eine Klasse zu setzen seien. Der hier angegebene Grund, den Thieren keine abstracten Ideen zuzuschreiben, liegt darin, dass wir bei ihnen keinen Gebrauch von Worten oder anderen allgemeinen Zeichen beobachten. Dieser Grund ruht auf der Voraussetzung, dass der Gebrauch von Worten an den Besitz Allgemeiner Ideen geknüpft sei, woraus folgt, dass Menschen, die sich der Sprache bedienen, fähig seien zu abstrahiren oder ihre Ideen zu verallgemeinern. Dass dieses der Sinn und die Folgerung des Verfassers ist, geht ferner aus seiner Antwort auf die Frage hervor, die er an einer anderen Stelle aufwirft: »Da doch alle existirenden Dinge Einzelobjecte sind, wie gelangen wir zu allgemeinen Bezeichnungen?« Er antwortet: »Worte werden dadurch allgemein, dass sie zu Zeichen allgemeiner Ideen gemacht werden« (a. a. O. B. III, Cap. III, Sect. 6). Es scheint jedoch, dass ein Wort allgemein wird, indem es als Zeichen gebraucht wird nicht für eine abstracte allgemeine Idee, sondern für mehrere Einzelideen, deren jede es besondere im Geiste anregt. Wird z.B. gesagt: *die Bewegungsän-derung ist proportional der aufgewandten Kraft*, oder: *alles Ausgedehnte ist theilbar*, so sind diese Regeln von Bewegung und Ausdehnung im Allgemeinen zu verstehen; dennoch folgt nicht, dass sie in meinem Geiste eine Vorstellung von Bewegung ohne einen bewegten Körper oder ohne eine bestimmte Richtung und Geschwindigkeit anregen, oder dass ich eine abstracte allge-meine Idee einer Ausdehnung bilden müsse, die weder Linie, noch Fläche, noch Körper, weder gross, noch klein, weder schwarz, noch weiss, noch roth, noch von irgend einer anderen bestimmten Farbe sei; sondern es liegt darin nur, dass, welche Bewegung auch immer ich betrachten mag, sei dieselbe schnell oder langsam, senkrecht, wagerecht oder schräg, sei sie die Bewegung dieses oder jenes Objectes, das sie betreffende Axiom sich gleichmässig bewahrheite. Ebenso bewahrheitet sich der andere Satz bei jeder besonderen Ausdehnung, wobei es keinen unterschied macht, ob dieselbe eine Linie oder eine Fläche oder ein Körper, ob dieselbe von dieser oder jener Grösse oder Figur sei.

XII. Indem wir beobachten, wie Ideen allgemein werden, gelangen wir zu einem richtigeren Urtheil darüber, wie Worte dies werden. Ich muss hier bemerken, dass ich nicht absolut die

Existenz von allgemeinen Ideen, sondern nur die von *abstracten allgemeinen Ideen* leugne; denn an den obigen Stellen, wo allgemeine Ideen erwähnt werden, ist stets vorausgesetzt, dass sie durch Abstraction gebildet seien, auf die in Section VIII. u. IX. auseinandergesetzte Weise. Wollen wir nun mit unseren Worten einen bestimmten Sinn verknüpfen und nur von Begreiflichem reden, so müssen wir, glaube ich, anerkennen, dass eine Idee, die an und für sich eine Einzelvorstellung ist, allgemein dadurch wird, dass sie dazu verwendet wird, alle anderen Einzelvorstellungen derselben Art zu repräsentiren oder statt derselben aufzutreten. Damit dies durch ein Beispiel klar werde, stelle man sich vor, dass ein Geometer den Nachweis führe, wie eine Linie in zwei gleiche Theile zu zerlegen sei. Er zeichnet etwa eine schwarze Linie von der Länge eines Zolls; diese Linie, die an und für sich eine einzelne Linie ist, ist nichtdestoweniger mit Rücksicht auf das, was durch sie bezeichnet wird, allgemein, da sie, wie sie hier gebraucht wird, alle einzelnen Linien, wie auch immer dieselben beschaffen sein mögen, repräsentirt, so dass, was von ihr bewiesen ist, von allen Linien, oder mit anderen Worten, von einer Linie im Allgemeinen bewiesen ist. Ebenso, wie die einzelne Linie dadurch, dass sie als Zeichen dient, allgemein wird, so ist der Name *Linie*, der an sich particular ist, dadurch, dass er als Zeichen dient, allgemein geworden, und wie die Allgemeinheit jener Idee nicht darauf beruht, dass sie ein Zeichen für eine abstracte oder allgemeine Linie wäre, sondern darauf, dass sie ein Zeichen für alle einzelnen geraden Linien ist, die existiren können, so muss auch angenommen werden, dass das Wort Linie seine Allgemeinheit derselben Ursache verdanke, nämlich dem Umstände, dass es verschiedene einzelne Linien unterschiedslos bezeichnet.

XIII. Um dem Leser eine noch klarere Einsicht in die Natur abstracter Ideen und in die Anwendungen, um deren willen man derselben zu bedürfen glaubt, zu verschaffen, will ich noch folgende Stelle aus dem »Versuch über den menschlichen Verstand« anführen: »Abstracte Ideen sind Kindern oder im Denken noch ungeübten Personen nicht so nahe liegend oder leicht zu bilden, wie Einzelideen; so weit sie dies den Erwachsenen sind, sind sie es nur durch den beständigen, gewohnten Gebrauch geworden. Achten wir genau auf sie, so werden wir finden, dass allgemeine Ideen Gebilde und Erfindungen des Geistes sind, die nicht ohne Schwierigkeit gebildet werden und sich nicht so leicht von selbst einstellen, wie wir zu glauben geneigt sind. Erheischt es z.B. nicht einige Mühe und Geschicklichkeit, die allgemeine Idee eines Dreiecks zu bilden, die doch noch keine der abstractesten, umfassendsten und schwierigsten ist? Es soll die Idee eines Dreiecks gebildet werden, welches weder schiefwinkelig, noch rechtwinkelig, weder gleichseitig, noch gleichschenkelig, noch ungleichschenkelig sei, sondern alles dieses und zugleich auch nichts von diesem. In der That ist dies etwas unvollständiges, das nicht existiren kann, eine Idee, worin einige *Theile* von verschiedenen und mit einander *unvereinbaren* Ideen zusammengestellt sind. Allerdings bedarf der Geist in seinem gegenwärtigen unvollkommenen Zustande solcher Ideen und eilt möglichst sie zu bilden zum Behuf der Mittheilung und Erweiterung der Erkenntniss, da er zu beidem von Natur eine sehr starke Neigung hat. Doch lässt sich mit Recht vermuthen, dass solche Ideen Merkmale unserer Unvollkommenheit seien. Zum mindesten reicht das Gesagte hin, zu beweisen, dass die abstractesten und allgemeinsten Ideen nicht diejenigen seien, mit welchen der Geist zuerst und am leichtesten vertraut wird, nicht diejenigen, auf welche seine ersten Kenntnisse sich beziehen« (a. a. O. IV, VII, 9). Falls irgend Jemand die Fähigkeit besitzt, in seinem Geiste eine solche Dreiecksidee zu bilden, wie sie hier beschrieben ist, so ist es vergeblich, sie ihm abdisputiren zu wollen; ich unternehme das nicht. Mein Wunsch geht nur dahin, der Leser möge sich vollständig und mit Gewissheit überzeugen, ob er eine solche Idee habe oder nicht. Und dies, denke ich, kann für Niemanden eine schwer zu lösende Aufgabe sein. Was kann einem Jeden leichter sein, als ein wenig in seinen eigenen Gedankenkreis hineinzuschauen und zu erproben, ob er eine Idee, die der Beschreibung, welche hier von der allgemeinen Idee eines Dreiecks gegeben worden ist, entspreche, habe oder erlangen könne, die Idee eines Dreiecks, welches *weder schiefwinkelig, noch rechtwinkelig, weder gleichseitig, noch gleichschenkelig, noch ungleichseitig, sondern dieses alles und zugleich auch nichts von diesem sei?*

XIV. Es wird hier vieles von der Schwierigkeit gesagt, welche sich an abstracte Ideen knüpfe, von der Mühe und Kunst, die erforderlich sei, um sie zu bilden. Und es ist gar nicht zu bezweifeln, dass es grosser Mühe und Anstrengung des Geistes bedarf, unser Denken von den Einzelobjecten loszumachen und sich zu den hohen Speculationen zu erheben, welche sich auf abstracte Ideen beziehen. Die natürliche Consequenz hieraus scheint doch zu sein, dass etwas so Schwieriges, wie die Bildung abstracter Ideen, nicht eine Bedingung der Möglichkeit der Gedankenmittheilung sei, die etwas allen Klassen der Menschen so Leichtes und Gewöhnliches ist. Doch man sagt uns, wenn sie Erwachsenen nahe liegend und leicht zu sein scheinen, so seien sie dies nur durch beständigen und gewöhnlichen Gebrauch geworden. Nun möchte ich gern wissen, zu welcher Zeit die

Menschen damit beschäftigt seien, jene Schwierigkeit zu überwinden und sich mit jenen nothwendigen Mitteln zur Unterredung zu versorgen. Dies kann nicht dann geschehen, wenn sie erwachsen sind, denn zu dieser Zeit sind sie, wie es scheint, sich keiner derartigen Bemühung bewusst; somit bleibt nur übrig, dass es ein Werk ihrer Kindheit sei. Gewiss wird man finden, dass die grosse und vielfache Mühe der Bildung abstracter Ideen eine schwere Aufgabe für dieses Alter sei. Ist es nicht schwer sich vorzustellen, dass ein paar Kinder nicht miteinander von ihren Zuckerbohnen und Klappern und ihrem anderen Tand plaudern können, wenn sie nicht zuvor zahllose Widersprüche miteinander vereinigt und so in ihrem Geist *abstracte allgemeine Ideen* gebildet und dieselben an jeden Gemeinnamen, dessen sie sich bedienen, geknüpft haben?

XV. Auch glaube ich, dass dieselben zur Erweiterung der Erkenntniss ganz ebenso wenig wie zur Mittheilung erforderlich sind. Es wird, wie ich wohl weiss, entschieden behauptet, dass alle Erkenntniss und Beweisführung allgemeine Begriffe betreffe, und ich stimme meinerseits dieser Behauptung völlig bei; doch scheint mir, dass diese Begriffe nicht durch *Abstraction* in der vorhin bezeichneten Weise gebildet seien; denn *Allgemeinheit* besteht, so viel ich begreifen kann, nicht in dem absoluten positiven Wesen oder Begriffe von irgend etwas, sondern in der Beziehung, in welcher etwas zu anderem Einzelnen steht, was dadurch bezeichnet oder vertreten wird, wodurch es geschieht, dass Dinge, Namen oder Begriffe, die ihrer eigenen Natur nach particular sind, allgemein werden. Wenn ich irgend einen Satz beweise, der Dreiecke betrifft, so nimmt man an, dass ich den allgemeinen Begriff des Dreiecks im Auge habe; dies muss aber nicht so verstanden werden, als ob ich eine Idee eines Dreiecks, das weder gleichseitig, noch ungleichseitig, noch gleichschenkelig wäre, bilden könnte, sondern nur so, dass das einzelne Dreieck, welches ich betrachte, gleichgiltig ob dasselbe von dieser oder jener Art sei, geradlinige Dreiecke aller Art repräsentirt oder statt derselben stellt und in diesem Sinne allgemein ist. Dieses alles scheint sehr klar zu sein und keine Schwierigkeit zu involviren.

XVI. Doch mag hier gefragt werden, wie wir anders wissen können, dass ein Satz von allen einzelnen Dreiecken wahr sei, als wenn wir ihn zuerst an der abstracten Idee eines Dreiecks, die von allen einzelnen gleichmässig gelte, bewiesen gesehen haben. Denn daraus, dass gezeigt sein mag, eine Eigenschaft komme irgend einem einzelnen Dreieck zu, folgt ja doch nicht, dass dieselbe gleicherweise auch irgend einem andern Dreieck zukomme, welches nicht in jedem Betracht identisch mit jenem ist. Habe ich z.B. gezeigt, dass die drei Winkel eines gleichschenkeligen rechtwinkeligen Dreiecks zwei rechten Winkeln gleich seien, so kann ich hieraus nicht schliessen, dass das Nämliche von allen anderen Dreiecken gelte, welche weder einen rechten Winkel, noch zwei einander gleiche Seiten haben. Es *scheint* demnach, dass wir, um gewiss zu sein, dass dieser Satz allgemein wahr sei, entweder einen besonderen Beweis für jedes einzelne Dreieck führen müssen, was unmöglich ist, oder es ein-für allemal zeigen müssen an der allgemeinen Idee eines Dreiecks, woran alle einzelnen unterschiedslos theilhaben, und wodurch sie alle gleichmässig repräsentirt werden. Darauf antworte ich, dass, obschon die Idee, die ich im Auge habe, während ich den Beweis führe, z.B. die eines gleichschenkeligen rechtwinkeligen Dreiecks ist, dessen Seiten von einer bestimmten Länge sind, ich nichtsdestoweniger gewiss sein kann, derselbe Beweis finde Anwendung auf alle anderen geradlinigen Dreiecke, von welcher Form oder Grösse auch immer dieselben sein mögen, und zwar darum, weil weder der rechte Winkel, noch die Gleichheit zweier Seiten, noch auch die bestimmte Länge der Seiten irgendwie bei der Beweisführung in Betracht gezogen worden sind. Zwar trägt das Gebilde, welches ich vor Augen habe, alle diese Besonderheiten an sich, aber es ist durchaus keine Erwähnung derselben in dem Beweise des Satzes geschehen. Es ist nicht gesagt worden, die drei Winkel seien darum zwei rechten gleich, weil einer von ihnen ein rechter sei, oder weil die Seiten, welche diesen einschliessen, gleich lang seien, was ausreichend zeigt, dass der Winkel, der ein rechter ist, ein schiefer hätte sein mögen und die Seiten ungleich, und dass nichtsdestoweniger der Beweis giltig geblieben wäre. Aus diesem Grunde und nicht darum, weil ich von der abstracten Idee eines Dreiecks den Beweis geführt hätte, schliesse ich, dass das von einem einzelnen rechtwinkeligen gleichschenkeligen Dreieck Erwiesene von jedem schiefwinkeligen und ungleichseitigen Dreieck wahr sei. Es muss hier zugegeben werden, dass es möglich ist, eine Figur blos als Dreieck zu betrachten, ohne dass man auf die besonderen Eigenschaften der Winkel oder Verhältnisse der Seiten achtet. Insoweit kann man abstrahiren; aber dies beweist keineswegs, dass man eine abstracte allgemeine, mit innerem Widerspruch behaftete Idee eines Dreiecks bilden könne. In gleicher Art können wir Peter, insofern er ein Mensch ist oder insofern er ein lebendes Wesen ist, betrachten, ohne die vorerwähnte abstracte Idee eines Menschen oder eines lebenden Wesens zu bilden, indem nicht alles Percipirte in Betracht gezogen wird.

XVII. Es wäre eine gleich sehr endlose wie nutzlose

Aufgabe, den *Schulphilosophen*, jenen grossen Meistern der Abstraction durch alle die mannichfachen unentwirrbaren Irrgänge von Irrthum und Disputation zu folgen, in welche ihre Lehre von abstracten Wesen und Begriffen sie hineingeführt zu haben scheint. Was für Hader und Streit entstanden, wie viel gelehrter Staub aufgewirbelt worden ist wegen dieser Dinge, und welch einen herrlichen Vortheil die Menschheit daraus geschöpft hat, ist heute zu gut bekannt, als dass man darüber noch ausführlich zu handeln brauchte. Und es stände noch gut, wenn die übelen Folgen dieser Lehre auf den Kreis ihrer erklärten Bekenner eingeschränkt geblieben wären. Erwägt man die grossen Mühen, den Fleiss und die Fähigkeiten, welche so manche Menschenalter hindurch auf die Pflege und Förderung der Wissenschaften verwendet worden sind, erwägt man, dass trotz alledem der weitaus grössere Theil derselben voll Dunkelheit und Ungewissheit und voll von Streitigkeiten, die nie enden zu sollen scheinen, geblieben ist, und dass selbst diejenigen Wissenschaften, die für gestützt auf die klarsten und zwingendsten Beweise gelten, seltsame Behauptungen enthalten, die dem Verständniss der Menschen völlig unzugänglich sind, und dass, Alles zusammengefasst, nur ein geringer Theil derselben der Menschheit einen wirklichen Nutzen anderer Art gewährt, als den einer unschuldigen Zerstreuung und Ergetzung; erwägt man, sage ich, dies alles, so kann man leicht zur Hoffnungslosigkeit und völligen Verachtung alles Studiums gelangen. Doch mag man vielleicht anders urtheilen bei einem Blick auf die falschen Principien, welche zur Geltung in der Welt gelangt sind, und unter welchen allen keines, dünkt mich, einen weiter reichenden Einfluss auf die Denkweise der Forscher geübt hat, als die Lehre von abstracten allgemeinen Ideen.

XVIII. Ich wende mich nun zur Betrachtung des Ursprungs dieser herrschenden Vorstellung. Dieser scheint mir in der *Sprache* zu liegen. Gewiss hätte nichts, was weniger verbreitet ist, als die Vernunft selbst, eine so allgemein angenommene Meinung verursachen können. Dass dies wahr sei, geht, wie aus anderen Gründen, so besonders auch aus dem offenen Bekenntniss der geschicktesten Vertheidiger der abstracten Ideen hervor, dass dieselben zum Zweck der Benennung gebildet worden seien, woraus offenbar folgt, dass, gäbe es nicht etwas wie Sprache oder allgemeine Zeichen, niemals irgendwie an Abstraction gedacht worden wäre. Siehe »Versuch über den menschlichen Verstand«, III, VI, 39 und an anderen Stellen. Wir wollen demgemäss untersuchen, in welcher Weise der Gebrauch von Worten zur Entstehung jenes Irrthums beigetragen habe. Es kommt hierbei zuvörderst in Betracht, dass man angenommen hat, jeder Name habe oder sollte haben eine einzige bestimmte und feste Bedeutung, was die Menschen geneigt macht, zu denken, es gebe gewisse *abstracte bestimmte Ideen*, welche die wahre und allein unmittelbare Bedeutung eines jeden Gemeinnamens ausmachen, und durch Vermittelung dieser abstracten Ideen gelange ein Gemeinname dazu, irgend ein einzelnes Ding zu bezeichnen, während es doch in Wahrheit keineswegs eine einzelne genau bestimmte Bedeutung giebt, die sich an irgend einen Gemeinnamen knüpfte, da sie alle eine grosse Zahl einzelner Ideen unterschiedslos bezeichnen. Dieses Alles folgt offenbar aus dem schon Gesagten und wird einem Jeden durch einiges Nachdenken einleuchtend werden. Hiergegen wird eingewandt werden, dass jeder Name, der eine Definition habe, hierdurch auf eine bestimmte Bedeutung eingeschränkt sei. Ist z.B. ein Dreieck definirt als *eine durch drei gerade Linien begrenzte* *ebene Fläche*, so ist hierdurch dieser Name darauf eingeschränkt, eine einzige bestimmte Idee und keine andere zu bezeichnen. Ich antworte hierauf, dass in der Definition nicht gesagt ist, ob die Fläche gross oder klein sei, schwarz oder weiss, ob die Seiten lang oder kurz seien, gleich oder ungleich, auch nicht, unter was für Winkeln sie gegen einander geneigt seien; in diesem Allem kann grosse Verschiedenheit bestehen, und es ist demgemäss keine bestimmte Idee gegeben, auf welche die Bedeutung des Wortes *Dreieck* eingeschränkt wäre. Einen Namen beständig im Sinne einer bestimmten Definition gebrauchen, heisst nicht das Nämliche, wie durch ihn jedesmal die nämliche Idee bezeichnen. Das Erstere ist durchaus erforderlich, das Andere nutzlos und unausführbar.

XIX. Um aber ferner noch Rechenschaft davon zu geben, wie Worte den Anlass zu der Lehre von den abstracten Ideen gegeben haben, muss bemerkt werden, dass es eine herrschende Meinung ist, die Sprache habe keinen anderen Zweck, als unsere Ideen mitzutheilen, und jeder Name, der etwas bezeichne, stehe für eine Idee. Setzen wir dies voraus und ist es zugleich gewiss, dass Namen, die doch nicht für ganz bedeutungslos gelten, nicht immer denkbare Einzelvorstellungen ausdrücken, so lässt sich mit Strenge folgern, dass sie für einen abstracten Begriff stehen. Dass manche allgemeine Bezeichnungen unter Gelehrten im Gebrauch sind, die nicht immer bei Anderen bestimmte Einzel-vorstellungen anregen, wird Niemand leugnen. Und durch einiges Nachdenken wird man finden, dass es nicht nothwendig ist, dass selbst bei der strengsten Gedankenverknüpfung Namen, die etwas bedeuten und Ideen vertreten, jedesmal, so oft sie gebraucht werden, in dem Geiste eben dieselben Ideen erwecken, zu deren Vertretung sie gebildet worden sind, da im Lesen und

Sprechen Gemeinnamen grösstentheils so gebraucht werden wie Buchstaben in der Algebra, wo, obschon durch jeden Buchstaben eine bestimmte Quantität bezeichnet wird, es doch zum Zwecke des richtigen Fortgangs der Rechnung nicht erforderlich ist, dass bei einem jeden Schritt jeder Buchstabe die bestimmte Quantität, zu deren Vertretung er bestimmt war, ins Bewusstsein treten lasse.

XX. Zudem ist nicht, wie gewöhnlich angenommen wird, die Mittheilung von Ideen, welche durch Worte ausgedrückt werden, der hauptsächliche und sogar einzige Zweck der Sprache. Es giebt andere Zwecke, wie z.B. die Erregung irgend einer Leidenschaft, die Bewirkung des Entschlusses eine Handlung auszuführen oder zu unterlassen, die Versetzung des Gemüths in irgend einen bestimmten Zustand, Zwecke, denen der erstgenannte in manchen Fällen völlig untergeordnet ist; ja derselbe kann ganz wegfallen, wenn diese Zwecke sich ohne ihn erreichen lassen, wie dies, denke ich, nicht selten in dem gewöhnlichen Reden der Fall ist. Ich bitte den Leser, selbst nachzudenken und zu beobachten, ob es nicht beim Hören oder Lesen einer Rede oft geschieht, dass die Affecte der Furcht, der Liebe, des Hasses, der Bewunderung, der Verachtung und ähnliche unmittelbar in seinem Geiste entstehen, sobald er gewisse Worte vernimmt, ohne dass irgend welche Ideen dazwischen treten. Ursprünglich mögen in der That die Worte Ideen angeregt haben, die geeignet waren, solche Gemüthsbewegungen hervorzubringen; aber es lässt sich, wenn ich nicht irre, beobachten, dass, wenn uns einmal die Sprache geläufig geworden ist, das Hören der Töne, das Sehen der Zeichen oft unmittelbar die Affecte zur Folge hat, die anfänglich nur durch Vermittelung der Ideen hervorgerufen werden konnten, welche nun völlig ausbleiben. Können wir z.B.

nicht freudig afficirt werden durch das Versprechen eines guten Dings, auch ohne eine Vorstellung davon zu haben, worin dieses bestehe? Oder reicht nicht schon die Bedrohung mit einer Gefahr zu, Furcht zu erregen, obschon wir nicht an irgend ein einzelnes Uebel denken, das uns wahrscheinlich treffen werde, und uns auch nicht eine abstracte Vorstellung bilden? Ich glaube, dass Jeder, der auch nur ein wenig eigenes Nachdenken mit dem Gesagten verbinden will, gewiss die Ansicht gewinnen wird, dass Gemeinnamen oft als Bestandtheile der Sprache gebraucht werden, ohne dass der Sprechende sie zu Zeichen solcher Ideen in seinem eigenen Geiste bestimmt, welche sie nach seiner Absicht in dem Geiste des Hörers hervorrufen sollen. Auch sogar Eigennamen scheinen nicht immer in der Absicht ausgesprochen zu werden, uns die Vorstellungen der Individuen ins Bewusstsein zu rufen, die, wie man voraussetzt, durch sie bezeichnet werden. Sagt mir z.B. ein Schulphilosoph: »Aristoteles hat dies gesagt«, so ist nach meinem Verständniss alles, was er damit beabsichtigt, dies, mich geneigt zu machen, seine Meinung mit der Ehrerbietung und Unterwürfigkeit anzunehmen, welche die Gewohnheit an jenen Namen geknüpft hat. Diese Wirkung kann im Geiste solcher, die gewöhnt sind, ihr Urtheil dem Ansehen dieses Philosophen zu unterwerfen, so augenblicklich eintreten, dass unmöglich irgend, eine Vorstellung seiner Person, seiner Schriften, seines Rufs vorausgegangen sein kann. Unzählige Beispiele dieser Art könnten aufgestellt werden; aber warum sollte ich bei Dingen verweilen, die einem Jeden seine eigene Erfahrung ohne Zweifel reichlich ins Bewusstsein ruft?

XXI. Es ist von uns, denke ich, die Unmöglichkeit *abstracter Ideen* erwiesen worden. Wir haben erwogen, was von ihren geschicktesten Vertheidigern gesagt worden ist und wir haben zu zeigen gesucht, dass sie von keinem Nutzen für die Zwecke seien, um deren willen man sie für erforderlich hält. Wir haben schliesslich der Quelle nachgespürt, woraus die Annahme derselben fliesst, und diese in der Sprache gefunden. Es kann nicht geleugnet werden, dass Worte trefflich dazu dienen, den ganzen Vorrath von Kenntnissen, der durch die vereinten Bemühungen von Forschern aller Zeiten und Völker gewonnen worden ist, in den Gesichtskreis eines jeden Einzelnen zu ziehen und in seinen Besitz zu bringen. Zugleich aber muss anerkannt werden, dass die meisten Theile des Wissens erstaunlich verwirrt und verdunkelt worden sind durch den Missbrauch von Worten und allgemeinen Redeweisen, worin sie überliefert worden sind. Weil demgemäss Worte so leicht den Geist zu täuschen vermögen, so werde ich, welche Ideen auch immer ich betrachte, versuchen, sie gleichsam bloss und nackt anzuschauen, indem ich aus meinem Denken, so weit ich es vermag, jene Benennungen entferne, welche eine lange und beständige Gewohnheit so eng mit ihnen verknüpft hat, und ich darf erwarten, dass hieraus folgende Vortheile herfliessen werden.

XXII. Zuerst darf ich gewiss sein, von allen blos verbalen Controversen loszukommen; das Emporwachsen dieses Unkrauts aber ist in fast allen Wissenszweigen ein Haupthinderniss des Gedeihens der Wahrheit und gesunden Erkenntniss gewesen. Zweitens scheint dies ein sicherer Weg zu sein, mich jenem feinen und zarten Netze abstracter Ideen zu entziehen, welches auf eine so klägliche Weise den Geist der Menschen verwirrt und verstrickt hat, und zwar in der seltsamen Weise, dass je schärfer und wissbegieriger der Verstand eines Menschen war, er desto leichter tief verstrickt und gefesselt werden konnte. Drittens, so lange ich meine Betrachtung auf meine eigenen der Worte entkleideten Ideen einschränke, sehe ich nicht, wie ich leicht in die Irre gerathen könnte. Die Objecte meiner Betrachtung kenne ich klar und genau. Ich kann nicht die falsche Meinung hegen, ich hatte eine Idee, die ich nicht habe. Es ist mir nicht möglich, mir einzubilden, einige meiner eigenen Ideen seien einander ähnlich oder unähnlich, die dies nicht wirklich sind. Die Uebereinstimmungen oder Verschiedenheiten zu unterscheiden, die zwischen meinen Ideen bestehen, zu sehen, welche Ideen in einer zusammengesetzten Idee enthalten sind, und welche nicht dazu ist nichts Weiteres erforderlich, als eine aufmerksame Wahrnehmung dessen, was in meinem eigenen denkenden Geiste vorgeht.

XXIII. Aber die Erreichung aller dieser Vortheile hat zur Voraussetzung eine völlige Befreiung von der Täuschung durch Worte, und diese darf ich mir kaum versprechen, so schwer ist es, eine Verbindung aufzulösen, die so früh begonnen hat und durch eine so lange Gewöhnung fest geworden ist, wie die, welche zwischen Ideen und Worten besteht. Diese Schwierigkeit scheint durch die Lehre von der Abstraction um sehr vieles vermehrt worden zu sein. Denn es dürfte nicht befremdlich sein, dass man, so lange man dafür hielt, abstracte Ideen seien an die Worte geknüpft, Worte statt der Ideen gebrauchte, da es unausführbar gefunden wurde, das Wort bei Seite zu setzen und abstracte Ideen im Geiste zu behalten, die an sich selbst durchaus undenkbar waren. Dies scheint mir die Hauptursache zu sein, warum die Männer, welche so nachdrücklich Anderen empfohlen haben, allen Gebrauch von Worten in ihrem Nachsinnen bei Seite zu setzen und ihre blossen Ideen zu betrachten, doch bei dem Versuch, dies selbst zu leisten, gescheitert sind. Neuerdings sind von Manchen die absurden Meinungen und sinnlosen Streitverhandlungen, welche aus dem Missbrauch der Worte erwachsen, wohl bemerkt worden, und sie geben den guten Rath, um diese Uebel zu vermeiden, solle man auf die bezeichneten Ideen achten und seine Aufmerksamkeit von den Worten ablenken, welche dieselben bezeichnen. Wie trefflich aber auch dieser Rath sein mag, den sie Anderen ertheilt haben, so ist doch klar, dass sie selbst ihn nicht genügend befolgen konnten, so lange sie dafür hielten, die Worte dienten unmittelbar nur zur Ideenbezeichnung, und die unmittelbare Bedeutung eines jeden Gemeinnamens sei eine *bestimmte abstracte Idee*.

XXIV. Nachdem aber diese Meinungen als Irrthümer erkannt sind, so kann man leichter sich davor hüten, durch Worte getäuscht zu werden. Wer weiss, dass er keine anderen Ideen als Einzelideen besitzt, wird sich nicht vergeblich bemühen, die an irgend einen Namen geknüpfte abstracte Idee herauszufinden und zu denken. Wer weiss, dass Namen nicht immer Ideen vertreten, wird sich die Mühe ersparen, nach Ideen zu suchen, wo keine gewesen sind. Es wäre demgemäss zu wünschen, dass ein Jeder so sehr als möglich sich bemühte, eine klare Einsicht in die Ideen zu gewinnen, die er betrachten will, indem er von denselben alle die Bekleidung und allen den beschwerenden Anhang von Worten abtrennt, der so sehr dazu beiträgt, das Urtheil zu trüben und die Aufmerksamkeit zu theilen. Vergeblich erweitern wir unsern Blick in die himmlischen Räume und erspähen das Innere der Erde; vergeblich ziehen wir die Schriften gelehrter Männer zu Rathe und verfolgen die dunkeln Spuren des Alterthums; wir sollten nur den Vorhang von Worten wegziehen, um klar und rein den Erkenntnisbaum zu erblicken, dessen Frucht vortrefflich und unserer Hand erreichbar ist.

XXV. Wenn wir nicht Sorge tragen, die ersten Principien der Erkenntniss rein als solche zu denken, abgelöst von der Verwirrung und Täuschung, die sich an Worte knüpft, so mögen wir endlose Betrachtungen über sie ohne irgend einen Erfolg anstellen; wir mögen Consequenzen aus Consequenzen ziehen und werden doch niemals weiser werden. Je weiter wir gehen, um so unrettbarer werden wir in Schwierigkeiten und Irrthümer uns verlieren, um so tiefer in diese uns verwickeln. Ich bitte demgemäss einen Jeden, der die folgenden Bogen zu lesen gedenkt, meine Worte sich als Anlass zu eigenem Denken dienen zu lassen und zu versuchen, beim Lesen den nämlichen Gedankengang zu bilden, welcher der meinige beim Schreiben war. Hierdurch wird es ihm leicht werden, die Wahrheit oder Unwahrheit dessen, was ich sage, zu entdecken. Er wird ganz ausser Gefahr sein, durch meine Worte getäuscht zu werden, und ich sehe nicht, wie er zu einem Irrthum verleitet werden könne, wenn er seine eigenen nackten, der entstellenden Hülle entledigten Ideen betrachtet.

UEBER DIE PRINCIPIEN DER
MENSCHLICHEN ERKENNTNISS

Jedem, der einen Blick auf die Gegenstände der menschlichen Erkenntniss wirft, leuchtet ein, dass dieselben theils den Sinnen gegenwärtig eingeprägte Ideen sind, theils Ideen, welche durch ein Aufmerken auf das, was die Seele leidet und thut, gewonnen werden, theils endlich Ideen, welche mittelst des Gedächtnisses und der Einbildungskraft durch Zusammensetzung, Theilung oder einfache Vergegenwärtigung der ursprünglich in einer der beiden vorhin angegebenen Weisen empfangenen Ideen gebildet werden. Durch den Gesichtssinn erhalte ich die Licht- und Farben-Ideen in ihren verschiedenen Abstufungen und qualitativen Modificationen, durch den Tastsinn percipire ich z.B. Härte und Weichheit, Hitze und Kälte, Bewegung und Widerstand, und von diesem allem mehr oder weniger hinsichtlich der Quantität oder des Grades. Der Geruchssinn verschafft mir Gerüche, der Geschmackssinn Geschmacksempfindungen, der Sinn des Gehörs führt dem Geiste Schallempfindungen zu in ihrer ganzen Mannichfaltigkeit nach Ton und Zusammensetzung. Da nun beobachtet wird, dass einige von diesen Empfindungen einander begleiten, so geschieht es, dass sie mit Einem Namen bezeichnet und in Folge hiervon als Ein Ding betrachtet werden. Ist z.B. beobachtet worden, dass eine gewisse Farbe, Geschmacksempfindung, Geruchsempfindung, Gestalt und Festigkeit vereint auftreten, so werden sie für Ein bestimmtes Ding gehalten, welches durch den Namen *Apfel* bezeichnet wird. Andere Gruppen von Ideen bilden einen Stein, einen Baum, ein Buch und ähnliche sinnliche Dinge, die, je nachdem sie gefallen oder missfallen, die Gefühle des Hasses, der Freude, des Kummers u.s.w. hervorrufen.

II. Aber neben all dieser endlosen Mannichfaltigkeit von Ideen oder Erkenntnissobjecten existirt ebensowohl auch etwas, das sie erkennt oder percipirt und verschiedene Thätigkeiten, wie wollen, sich vorstellen, sich wiedererinnern, an den Ideen ausübt. Dieses percipirende, thätige Wesen ist dasjenige, was ich *Gemüth, Geist, Seele* oder *mich selbst* nenne. Durch diese Worte bezeichne ich nicht irgend eine meiner Ideen, sondern ein von ihnen allen ganz verschiedenes Ding, worin sie existiren oder, was das Nämliche besagt, wodurch sie percipirt werden; denn die Existenz einer Idee besteht im Percipirtwerden.

III. Dass weder unsere Gedanken, noch unsere Gefühle, noch unsere Einbildungsvorstellungen ausserhalb des Geistes existiren, wird ein Jeder zugeben. Es scheint aber nicht weniger evident zu sein, dass die verschiedenen Sinnesempfindungen oder den Sinnen eingeprägten Ideen, wie auch immer dieselben mit einander vermischt oder verbunden sein mögen (d.h. was für Objecte auch immer sie bilden mögen), nicht anders existiren können, als in einem Geiste, der sie percipirt. Dies kann, glaube ich, von einem Jeden anschaulich erkannt werden, der darauf achten will, was unter dem Ausdruck *existiren* bei dessen Anwendung auf sinnliche Dinge zu verstehen ist. Sage ich: der Tisch, an dem ich schreibe, existirt, so heisst das: ich sehe und fühle ihn; wäre ich ausserhalb meiner Studirstube, so könnte ich die Existenz desselben in dem Sinne aussagen, dass ich, wenn ich in meiner Studirstube wäre, denselben percipiren könnte, oder dass irgend ein anderer Geist denselben gegenwärtig percipire. Es war da ein Geruch, heisst: derselbe ward wahrgenommen; ein Ton fand statt, heisst: derselbe ward gehört; eine Farbe oder Gestalt: sie ward durch den Gesichtssinn oder durch den Tastsinn percipirt. Dies ist der einzige verständliche Sinn dieser und aller ähnlichen Ausdrücke. Denn was von einer absoluten Existenz undenkender Dinge ohne irgend eine Beziehung auf ihr Percipirtwerden gesagt zu werden pflegt, scheint durchaus unverständlich zu sein. Das Sein (esse) solcher Dinge ist Percipirtwerden (percipi). Es ist nicht möglich, dass sie irgend eine Existenz ausserhalb der Geister oder denkenden Wesen haben, von welchen sie percipirt werden.

IV. Es besteht in der That eine auffallend verbreitete Meinung, dass Häuser, Berge, Flüsse, mit Einem Wort, alle sinnlichen Objecte, eine natürliche oder reale Existenz haben, welche von ihrem Percipirtwerden durch den denkenden Geist verschieden sei. Mit wie grosser Zuversicht und mit wie allgemeiner Zustimmung aber auch immer dieses Princip behauptet werden mag, so wird doch, wenn ich nicht irre, ein Jeder, der den Muth hat es in Zweifel zu ziehen, finden, dass dasselbe einen offenbaren Widerspruch involvirt. Denn was sind die vorhin erwähnten Objecte anderes als die sinnlich von uns wahrgenommenen Dinge, und was percipiren wir anderes als unsere eigenen Ideen oder Sinnesempfindungen? und ist es nicht ein vollkommener Widerspruch, dass irgend eine solche oder irgend eine Verbindung derselben unwahrgenommen existire?

V. Wenn wir diese Annahme gründlich prüfen, so wird sich vielleicht herausstellen, dass sie sich schliesslich auf die Lehre von den abstracten Ideen zurückführen lässt. Denn kann wohl die Abstraction auf eine grössere Höhe getrieben werden, als bis zur Unterscheidung der Existenz sinnlicher Dinge von ihrem Percipirtwerden, so dass man sich vorstellt, sie existirten unpercipirt? Licht und Farben, Hitze und Kälte, Ausdehnung und Figuren, mit Einem Wort, die Dinge, welche wir sehen und fühlen, was sind sie anderes als verschiedenartige Sinnesempfindungen, Vorstellungen, Ideen oder Eindrücke auf die Sinne, und ist es möglich, auch nur in Gedanken irgend eine derselben vom Percipirtwerden zu trennen? Ich für meine Person könnte ebenso leicht ein Ding von sich selbst abtrennen. Ich kann in der That vermöge meines Denkens solche Dinge von einander abtrennen oder gesondert auffassen, die ich vielleicht niemals durch die Sinne in solcher Trennung percipirt habe. So stelle ich den Rumpf eines menschlichen Körpers ohne die Glieder vor oder den Geruch einer Rose, ohne an die Rose selbst zu denken. Insoweit, das leugne ich nicht, vermag ich zu abstrahiren, wenn anders der Ausdruck *Abstraction* hier noch im eigentlichen Sinne gilt, wo es sich nur darum handelt, solche Objecte gesondert zu denken, welche in der That von einander getrennt existiren oder wirklich eins ohne das andere percipirt werden können; aber meine Fähigkeit zu denken oder vorzustellen erstreckt sich nicht weiter, als die Möglichkeit einer realen Existenz oder Perception. So unmöglich es mir ist, ein Ding ohne eine wirkliche Wahrnehmung desselben zu sehen oder zu fühlen, eben so unmöglich ist es mir hiernach, irgend ein sinnlich wahrnehmbares Ding oder Object gesondert von der sinnlichen Wahrnehmung oder Perception desselben zu denken.

VI. Einige Wahrheiten liegen so nahe und sind so einleuchtend, dass man nur die Augen des Geistes zu öffnen braucht, um sie zu erkennen. Zu diesen rechne ich die wichtige Wahrheit, dass der ganze himmlische Chor und die Fülle der irdischen Objecte, mit Einem Wort, alle die Dinge, die das grosse Weltgebäude ausmachen, keine Subsistenz ausserhalb des Geistes haben, dass ihr Sein ihr Percipirtwerden oder Erkanntwerden ist, dass sie also, so lange sie nicht wirklich durch mich erkannt sind oder in meinem Geiste oder in dem Geiste irgend eines anderen geschaffenen Wesens existiren, entweder überhaupt keine Existenz haben oder in dem Geiste eines ewigen Wesens existiren müssen, da es etwas völlig Undenkbares ist und alle Verkehrtheit der Abstraction in sich schliesst, wenn irgend einem Theile derselben eine von dem Geiste unabhängige Existenz zugeschrieben wird. Um sich hiervon zu überzeugen, braucht der Leser nur durch eigenes Nachdenken den Versuch zu machen, in Gedanken das Sein eines sinnlich wahrnehmbaren Dinges von dessen Percipirtwerden zu trennen.

VII. Aus dem Gesagten folgt, dass es keine andere Substanz giebt, als den *Geist* oder das, was percipirt. Zum vollständigeren Erweis dieses Satzes aber werde in Erwägung gezogen, dass die sinnlichen Qualitäten Farbe, Figur, Bewegung, Geruch, Geschmack und ähnliche sind, d.h. die durch die Sinne percipirten Ideen. Nun ist es ein offenbarer Widerspruch, dass eine Idee in einem nicht percipirenden Dinge existire; denn eine Idee haben ist ganz dasselbe, was percipiren ist; dasjenige also, worin Farbe, Figur und die ähnlichen Qualitäten existiren, muss sie percipiren; hieraus ist klar, dass es keine nicht denkende

Substanz oder kein nichtdenkendes Substrat dieser Dinge geben kann.

VIII. Aber, sagt ihr, obschon die Ideen selbst nicht ausserhalb des Geistes existiren, so kann es doch ihnen ähnliche Dinge, deren Copien oder Ebenbilder sie sind, geben, und diese Dinge existiren ausserhalb des Geistes in einer nicht denkenden Substanz. Ich antworte: eine Idee kann nur einer Idee ähnlich sein, eine Farbe oder Figur nur einer anderen Farbe oder Figur. Wenn wir auch noch so wenig auf unsere Gedanken achten, so werden wir es unmöglich finden, eine andere Aehnlichkeit als zwischen unseren Ideen zu begreifen. Ausserdem frage ich, ob diese vorausgesetzten Originale oder äusseren Dinge, deren Abbilder oder Darstellungen unsere Ideen seien, selbst percipirbar seien oder nicht. Sind sie es, dann sind sie Ideen, und wir haben erreicht, was wir wollten; sagt ihr dagegen, sie seien es nicht, so gebe ich jedem Beliebigen die Entscheidung anheim, ob es einen Sinn habe, zu behaupten, eine Farbe sei ähnlich etwas Unsichtbarem, Härte oder Weichheit ähnlich etwas Untastbarem u.s.w.

IX. Einige machen einen Unterschied zwischen *primären* und *secundären* Qualitäten: unter den ersteren verstehen sie Ausdehnung, Figur, Bewegung, Ruhe, Solidität oder Undurchdringlichkeit, und Zahl; durch den letzteren Ausdruck aber bezeichnen sie alle anderen sinnlichen Qualitäten, wie z.B. Farben, Töne, Geschmacksempfindungen u. so fort. Sie erkennen an, dass die Ideen, welche wir von diesen Qualitäten haben, nicht die Ebenbilder von irgend etwas seien, das ausserhalb des Geistes oder unpercipirt existire; sie behaupten aber, unsere Ideen der primären Qualitäten seien Abdrücke oder Bilder von Dingen, die ausserhalb des Geistes existiren in einer nicht denkenden

Substanz, welche sie *Materie* nennen. Unter *Materie* haben wir demgemäss eine träge, empfindungslose Substanz zu verstehen, in welcher Ausdehnung, Figur und Bewegung wirklich existiren. Aber es geht aus dem schon Gesagten deutlich hervor, dass Ausdehnung, Figur und Bewegung nur Ideen sind, die in dem Geiste existiren, und dass eine Idee nur einer Idee ähnlich sein kann, und dass demgemäss weder sie selbst noch auch ihre Urbilder in einer nicht percipirenden Substanz existiren können. Hieraus ist offenbar, dass eben der Begriff von dem, was *Materie* oder *körperliche Substanz* genannt wird, einen Widerspruch in sich schliesst.

X. Diejenigen, welche behaupten, dass Figur, Bewegung und die übrigen primären oder ursprünglichen Qualitäten ausserhalb des Geistes in undenkenden Substanzen existiren, erkennen gleichzeitig an, dass von Farben, Tönen, Hitze, Kälte und derartigen secundären Qualitäten nicht das Nämliche gelte; sie behaupten, die letzteren seien Sinnesempfindungen, die nur im Geiste existiren, und dieselben seien abhängig oder werden veranlasst von der verschiedenen Grösse, Structur und Bewegung der kleinen Theile der Materie. Sie halten dies für eine unzweifelhafte Wahrheit, für die sie Beweise, die keine Widerrede zulassen, zu führen vermögen. Wenn es nun aber gewiss ist, dass diese »ursprünglichen Qualitäten« untrennbar mit den anderen sinnlichen Qualitäten vereinigt sind und sogar nicht in Gedanken von ihnen abgesondert werden können, so folgt offenbar, dass sie nur in dem Geiste existiren. Ich bitte aber einen Jeden nachzudenken und zu erproben, ob er irgendwie durch eine Vorstellungszerlegung die Ausdehnung und Bewegung eines Körpers ohne alle anderen sinnlichen Qualitäten denken könne. Ich für meine Person sehe deutlich, dass es nicht in meiner

Macht steht, eine Idee eines ausgedehnten und bewegten Körpers zu bilden, ohne ihm zugleich eine Farbe oder andere sinnliche Qualität zuzuschreiben, welche anerkanntermaassen nur in dem Geiste existirt. Kurz, Ausdehnung, Figur und Bewegung sind undenkbar, wenn sie von allen anderen Eigenschaften durch Abstraction gesondert werden. Wo also die anderen sinnlichen Eigenschaften sind, da müssen sie auch sein, d.h. in dem Geiste und nirgendwo anders.

XI. Ferner sind anerkanntermaassen Grösse und Kleinheit, Raschheit und Langsamkeit nur in unserem Geiste, da sie völlig relativ sind und sich ändern, wie die Gestalt oder Lage der Sinnesorgane sich ändert. Die Ausdehnung demgemäss, welche ausserhalb des Geistes existirt, ist weder gross, noch klein, die Bewegung weder rasch, noch langsam, d.h. diese Ausdehnung und diese Bewegung sind überhaupt nichts. Aber, sagt ihr, sie sind Ausdehnung im Allgemeinen und Bewegung im Allgemeinen. So zeigt sich, wie sehr die Annahme, dass es ausgedehnte, bewegbare Substanzen ausserhalb des Geistes gebe, von jener seltsamen Lehre der *abstracten Ideen* abhängt. Und bei dieser Gelegenheit kann ich nicht umhin zu bemerken, wie sehr die vage und unbestimmte Vorstellung einer Materie oder körperlichen Substanz, wozu die neueren Philosophen durch ihre eigenen Voraussetzungen gedrängt werden, jenem antiquirten und so viel verlachten Begriff einer *materia prima* gleicht, der bei Aristoteles und seinen Anhängern gefunden wird. Ohne Ausdehnung kann Solidität nicht gedacht werden. Ist demnach gezeigt worden, dass Ausdehnung nicht in einer nicht denkenden Substanz existirt, so muss das Gleiche von der Solidität wahr sein.

XII. Dass die *Zahl* durchaus ein Product des Geistes sei, auch wenn zugegeben würde, dass die anderen Qualitäten ausserhalb des Geistes existiren, wird einem Jeden einleuchten, der bedenkt, dass das nämliche Ding eine verschiedene Zahlbezeichnung erhält, wenn der Geist es in verschiedenen Beziehungen betrachtet. So ist z.B. die nämliche Ausdehnung 1 oder 3 oder 36, je nachdem der Geist sie im Verhältniss zu einer Elle (einer engl. Elle von 3 Fuss) oder zu einem Fuss oder zu einem Zoll betrachtet. Die Zahl ist so augenscheinlich relativ und von dem menschlichen Verstande abhängig, dass es kaum zu denken ist, dass irgend Jemand ihr eine absolute Existenz ausserhalb des Geistes zuschreiben könne. Wir sagen Ein Buch, Eine Seite, Eine Linie; diese alle sind gleich sehr Einheiten, obschon einige derselben mehrere der anderen enthalten. Und in jedem Betracht ist es klar, dass die Einheit sich auf eine besondere Combination von Ideen bezieht, welche der Geist willkürlich zusammenstellt.

XIII. Ich weiss, dass Einige dafür halten, die Einheit sei eine einfache oder unzusammengesetzte Idee, die alle anderen Ideen in unserem Geiste begleite. Ich finde nicht, dass ich irgend eine solche Idee habe, die dem Worte *Einheit* entspräche, und ich denke doch, dass es, wenn ich sie hätte, nicht fehlen könnte, dass ich sie fände, es müsste vielmehr mein Geist mit ihr am allervertrautesten sein, da sie ja, wie behauptet wird, alle anderen Ideen begleiten und durch alle Weisen der sinnlichen und inneren Wahrnehmung percipirt werden soll. Um Alles mit Einem Male zu sagen: sie ist eine *abstracte Idee*.

XIV. Ich füge hinzu, dass in derselben Weise, wie neuere Philosophen beweisen, dass gewisse sinnliche Eigenschaften keine Existenz in der Materie oder ausserhalb des Geistes haben, das Gleiche auch von allen anderen sinnlichen Eigenschaften bewiesen werden kann. So wird z.B. gesagt, dass Hitze und Kälte nur psychische Affectionen seien und durchaus nicht Abdrücke von wirklichen in den körperlichen Substanzen, durch welche sie angeregt werden, existirenden Wesen; denn der nämliche Körper, welcher einer Hand als warm erscheine, erscheine einer anderen als kalt. Warum sollen wir nun nicht ebensowohl schliessen, dass Figur und Ausdehnung nicht Abdrücke oder Aehnlichkeiten von in der Materie existirenden Eigenschaften seien, da sie dem nämlichen Auge von verschiedenen Punkten aus oder von dem nämlichen Punkte aus Augen von verschiedener Structur verschieden erscheinen und daher nicht Bilder von etwas ausserhalb des Geistes unwandelbar Bestimmtem sein können? Ferner wird bewiesen, dass Süssigkeit nicht wirklich in dem wohlschmeckendes Dinge sei, weil ohne Veränderung dieses Dinges die Süssigkeit sich in Bitterkeit umwandelt, z.B. beim Fieber oder einer anderweitigen Alteration des Gaumens. Ist es nicht ebenso vernunftgemäss zu sagen, dass Bewegung nicht ausserhalb des Geistes stattfinde, da, wenn die Aufeinanderfolge von Vorstellungen in dem Geiste rascher wird, die Bewegung anerkanntermaassen, ohne dass irgend eine Veränderung in irgend einem realen Object stattgefunden hat, langsamer zu sein scheinen wird?

XV. Kurz, wenn Jemand jene Argumente recht erwägt, von denen man glaubt, dass sie deutlich erweisen, dass Farben und Geschmacksempfindungen bloss in dem Geiste existiren, so wird er finden, dass sie mit gleicher Kraft das Nämliche von der Ausdehnung, Figur und Bewegung darzuthun vermögen. Doch muss zugegeben werden, dass diese Argumentationsweise nicht sowohl beweist, dass es keine Ausdehnung oder Farbe in einem äusseren Objecte gebe, als vielmehr nur, dass wir nicht durch die Sinne erkennen, welches die wahre Ausdehnung oder Farbe des

Objectes sei. Aber die vorhergehenden Argumente zeigen deutlich die Unmöglichkeit, dass überhaupt irgend eine Farbe oder Ausdehnung oder sinnlich wahrnehmbare Eigenschaft irgend welcher Art in einem nicht denkenden Substrat ausserhalb des Geistes existire, oder vielmehr die Unmöglichkeit, dass es irgend etwas Derartiges, wie ein äusseres Object gebe.

XVI. Prüfen wir jedoch noch ein wenig die herrschende Ansicht! Man sagt, Ausdehnung sei ein Modus oder ein Accidens der Materie, und diese sei das *Substrat*, welches jene trage. Nun möchte ich gern, dass mir erklärt würde, was unter dem der Materie zugeschriebenen *Tragen* der Ausdehnung zu verstehen sei. Sagt ihr, ich habe keine Idee von der Materie und kann dies daher nicht erklären, so antworte ich: mögt ihr auch keine positive Idee der Materie haben, so darf doch zum mindesten eine negative euch nicht fehlen, wenn ihr überhaupt irgend einen Sinn mit dem Worte verknüpft; obschon ihr nicht wisst, was sie ist, so muss doch vorausgesetzt werden dürfen, dass ihr wisst, in welcher Beziehung sie zu ihren Accidentien stehe und was unter ihrem Tragen derselben zu verstehen sei. Offenbar kann das Wort »tragen« hier nicht in seinem gewöhnlichen oder buchstäblichen Sinne genommen werden, wie wenn wir sagen, dass Säulen ein Gebäude tragen; in welchem Sinne ist es denn nun zu verstehen?

XVII. Prüfen wir das, was die sorgfältigsten Philosophen selbst unter dem Ausdruck »*materielle Substanz*« zu verstehen erklären, so finden wir, dass sie bekennen, keinen anderen Sinn mit diesen Lauten zu verknüpfen, als die Idee eines Wesens (eines Etwas, eines Seienden, being) überhaupt, zusammen mit dem relativen Begriff seines Tragens von Accidentien. Mir scheint die allgemeine Idee eines Wesens abstracter und unbegreiflicher als alle anderen zu sein, und was das Tragen von

Accidentien betrifft, so kann dies, wie vorhin bemerkt worden ist, nicht in dem gewöhnlichen Wortsinn verstanden, muss also in einem anderen Sinne genommen werden, der unerklärt bleibt. Demgemäss gelange ich, wenn ich die beiden Theile oder Seiten der Bedeutung der Worte »*materielle Substanz*« betrachte, zu der Ueberzeugung, dass damit gar kein bestimmter Sinn verbunden ist. Doch warum sollen wir uns noch weiter bemühen mit der Erörterung dieses materiellen *Substrats* oder *Trägers* von Figur, Bewegung und anderen sinnlichen Qualitäten? Setzt dasselbe nicht voraus, dass diese eine Existenz ausserhalb des Geistes haben? Und ist dies nicht ein directer Widerspruch und durchaus unbegreiflich?

XVIII. Wäre es aber auch möglich, dass feste, gestaltete, bewegliche Substanzen, die den Ideen, welche wir von Körpern haben, entsprächen, ausserhalb des Geistes existirten, wie sollte es uns möglich sein, dies zu wissen? Entweder müssten wir es durch die Sinne oder durch ein Denken erkennen. Durch unsere Sinne aber haben wir nur die Kenntniss unserer Sinnesempfindungen, Ideen oder jener Dinge, die, man benenne sie, wie man wolle, *unmittelbar* sinnlich wahrgenommen werden; aber die Sinne lehren uns nicht, dass Dinge ausserhalb des Geistes oder unpercipirt existiren, die denjenigen gleichen, welche percipirt werden. Dies erkennen die Materialisten selbst an. Es bleibt also nur übrig, dass wir, wenn wir überhaupt irgend ein Wissen von äusseren Objecten besitzen, dieses durch ein Denken erlangt haben, indem wir die Existenz derselben aus dem, was unmittelbar sinnlich percipirt ist, erschliessen. Welcher Schluss aber kann uns bestimmen, auf Grund dessen, was wir percipiren, die Existenz von Körpern ausserhalb des Geistes anzunehmen, da doch gerade die Vertreter der Lehre von der Materie selbst nicht behaupten, dass irgend eine nothwendige Verbindung zwischen denselben und unseren Ideen bestehe? Es wird ja allseitig zugegeben (und was in Träumen, im Wahnsinn und ähnlichen Zuständen geschieht, setzt es ausser Zweifel), dass es möglich sei, dass wir mit allen den Ideen, die wir jetzt haben, ausgestattet seien, wenngleich keine Körper ausser uns existirten, die ihnen glichen. Also leuchtet ein, dass die Annahme der Existenz äusserer Körper zur Erklärung unserer Ideenbildung nicht erforderlich ist, dazugegeben wird, dass Ideen in der nämlichen Ordnung, in welcher wir sie gegenwärtig vorfinden, ohne Mitwirkung derselben zuweilen wirklich hervorgebracht werden und möglicherweise immer hervorgebracht werden können.

XIX. Jedoch wenn wir auch möglicherweise zu allen unseren sinnlichen Wahrnehmungen ohne äussere Objecte gelangen, so könnte man es doch vielleicht für leichter halten, ihre Entstehungsweise durch die Voraussetzung von äusseren Körpern, die ihnen ähnlich seien, als auf andere Weise zu erklären, und so würde es denn wenigstens für wahrscheinlich gelten dürfen, dass solche Dinge wie Körper existiren, die ihre Ideen in unseren Seelen anregen. Aber auch dies kann nicht gesagt werden; denn geben wir auch den Materialisten ihre äusseren Körper zu, so wissen sie nach ihrem eigenen Bekenntniss doch noch ebenso wenig, wie unsere Ideen hervorgebracht werden, da sie sich selbst für unfähig erklären zu begreifen, in welcher Art ein Körper auf einen Geist einwirken könne, oder wie es möglich sei, dass eine Idee dem Geiste eingeprägt werde. Hiernach leuchtet ein, dass die Production von Ideen oder Sinneswahrnehmungen in unserem Geiste kein Grund sein kann, Materie oder körperliche Substanzen vorauszusetzen, da anerkannt wird, dass diese Production unter jener Voraussetzung und ohne dieselbe gleich unerklärlich bleibt. Also selbst dann, wenn es möglich wäre, dass Körper ausserhalb des Geistes existirten, müsste doch die Annahme, dass solche wirklich existiren, eine sehr unsichere Meinung sein, da dies voraussetzen hiesse, Gott habe unzählige Dinge geschaffen, die durchaus nutzlos seien und in keiner Art zu irgend welchem Zwecke dienen.

XX. Kurz, gäbe es äussere Körper, so konnten wir unmöglich zur Kenntniss derselben gelangen, und gäbe es keine, so möchten wir doch die gleichen Gründe, wie jetzt, für die Existenz derselben haben. Macht die Voraussetzung, deren Möglichkeit Niemand leugnen kann, eine Intelligenz habe ohne Mitwirkung äusserer Körper die nämliche Reihe von Sinneswahrnehmungen oder Ideen, die ihr habt, und zwar sei dieselbe in der nämlichen Ordnung und mit gleicher Lebhaftigkeit dem Geiste eingeprägt. Ich frage, ob diese Intelligenz nicht ganz eben den Grund habe, die Existenz körperlicher Substanzen, die durch seine Ideen repräsentirt würden und dieselben in ihr anregten, anzunehmen, den ihr möglicherweise haben könnt, das Nämliche anzunehmen? Dies kann gar nicht zweifelhaft sein, und diese Eine Betrachtung genügt schon, jedem vernünftig Erwägenden die Kraft der Argumente, von welcher Art auch dieselben sein mögen, verdächtig zu machen, die er für die Annahme, dass Körper ausserhalb des Geistes existiren, vielleicht zu haben glaubt.

XXI. Wäre es erforderlich, irgend welchen ferneren Beweis gegen die Existenz einer Materie dem schon Gesagten noch beizufügen, so könnte ich einige von jenen Irrthümern und Schwierigkeiten (um nicht zu sagen Gottlosigkeiten) anführen, welche aus jener Annahme hergeflossen sind. Dieselbe hat zahllose Streitfragen und Disputationen in der Philosophie und nicht wenige von weit grösserer Bedeutung in der Religion hervorgerufen. Aber ich werde hier nicht speciell darauf eingehen, theils weil ich dafür halte, dass es keiner aus den Consequenzen (a posteriori) entnommenen Argumente zur Bestätigung dessen bedürfe, was, wenn ich nicht irre, zureichend aus den Realgründen (a priori) erwiesen worden ist, theils darum, weil ich hernach noch Gelegenheit finden werde, einiges darüber zu sagen.

XXII. Ich fürchte, dass ich Anlass gegeben habe zu glauben, ich sei unnöthigerweise weitläufig bei der Behandlung dieses Gegenstandes gewesen. Denn wozu dient es ausführlich zu sein über das, was mit der grössten Deutlichkeit in einem oder zwei Sätzen einem Jeden erwiesen werden kann, der auch nur des geringsten Nachdenkens fällig ist? Ihr braucht blos eure eigenen Gedanken zu betrachten und so zu erproben, ob ihr für möglich halten könnt, dass ein Ton, eine Figur, eine Bewegung oder eine Farbe ausserhalb des Geistes oder unpercipirt existire. Dieser leichte Versuch lässt euch erkennen, dass eure Behauptung ein völliger Widerspruch ist, so sehr, dass ich damit einverstanden bin, die Entscheidung der ganzen Frage von dem Ergebniss abhängig zu machen. Falls ihr es auch nur als möglich denken könnt, dass eine ausgedehnte bewegliche Substanz oder im Allgemeinen irgend eine Idee oder etwas einer Idee Aehnliches in einer anderen Weise existire als in einem sie percipirenden Geiste, so werde ich willig meinen Satz aufgeben und euch die Existenz des ganzen Gefüges äusserer Körper, die ihr behauptet, zugestehen, obschon ihr mir keinen Grund angeben könnt, warum ihr glaubt, dass es existire, und keinen Zweck, dem es diene, wenn vorausgesetzt wird, dass es existire. Ich sage, die blosse Möglichkeit, dass eure Meinung wahr sei, soll für ein Argument gelten, dass sie in der That wahr sei.

XXIII. Aber es ist doch, sagt ihr, gewiss nichts leichter, als sich vorzustellen, dass z.B. Bäume in einem Parke oder Bücher in einem Cabinet existiren, ohne dass Jemand sie wahrnimmt. Ich antworte: es ist freilich nicht schwer, dies vorzustellen, aber was, ich bitte euch, heisst dies alles anders, als in eurem Geiste gewisse Ideen bilden, die ihr Bücher und Bäume nennt, und gleichzeitig unterlassen, die Idee von Jemandem, der dieselben percipire, zu bilden? Aber percipirt oder denkt ihr selbst denn nicht unterdess eben diese Objecte? Dies führt also nicht zum Ziel; es zeigt nur, dass ihr die Macht habt, zu erdenken oder Vorstellungen in eurem Geiste zu bilden; aber es zeigt nicht, dass ihr es als möglich begreifen könnt, dass die Objecte eures Denkens ausserhalb des Geistes existiren; um dies zu erweisen, müsstet ihr vorstellen, dass sie existiren, ohne dass sie vorgestellt werden oder an sie gedacht werde, was ein offenbarer Widerspruch ist. Wenn wir das Aeusserste versuchen, um die Existenz äusserer Körper zu denken, so betrachten wir doch immer nur unsere eigenen Ideen. Indem aber der Geist von sich selbst dabei keine Notiz nimmt, so täuscht er sich mit der Vorstellung, er könne Körper denken und denke Körper, die ungedacht von dem Geiste oder ausserhalb des Geistes existiren, obschon sie doch zugleich auch von ihm vorgestellt werden oder in ihm existiren. Ein wenig Aufmerksamkeit wird einem Jeden die Wahrheit und Evidenz dessen, was hier gesagt worden ist, zeigen und es überflüssig machen, andere Beweise gegen die Existenz einer materiellen Substanz aufzustellen.

XXIV. Es ist schon bei der geringsten Prüfung unserer eigenen Gedanken sehr leicht zu wissen, ob es uns möglich sei zu verstehen, was gemeint sei mit der *absoluten Existenz sinnlich wahrnehmbarer Objecte an sich oder ausserhalb des Geistes*. Mir ist offenbar, dass diese Worte entweder einen directen Widerspruch oder andernfalls überhaupt nichts bedeuten. Um hiervon auch Andere zu überzeugen, weiss ich keinen leichteren und geraderen Weg einzuschlagen, als den, dass ich sie bitte, ruhig auf ihre eigenen Gedanken zu achten, und wenn hierdurch die Sinnlosigkeit dieser Ausdrücke oder der Widerspruch in denselben zu Tage tritt, so ist gewiss nichts Weiteres zu ihrer Ueberzeugung erforderlich. Hierauf also lege ich Gewicht, dass die Worte »absolute Existenz undenkender Dinge« ohne Sinn oder mit einem Widersprach behaftet seien. Dies wiederhole und betone ich und empfehle es ernstlich dem aufmerksamen Nachdenken des Lesers.

XXV. Alle unsere Ideen, Sinneswahrnehmungen oder die Dinge, die wir percipiren, durch welche Namen auch immer dieselben bezeichnet werden mögen, sind augenscheinlich ohne Activität; es ist in ihnen nichts von Kraft oder Thätigkeit enthalten, so dass eine Idee oder ein Denkobject nicht irgend, eine Veränderung in einem anderen hervorbringen oder bewirken kann. Um uns von der Wahrheit dieses Satzes zu überzeugen, brauchen wir nur unsere Ideen zu beobachten. Denn da sie und ein jeder ihrer Bestandtheile nur In dem Geiste existiren, so folgt, dass nichts in ihnen ist, als was percipirt wird. Ein Jeglicher, der auf seine vermittelst der Sinne oder vermittelst der auf Seelenvorgänge gerichteten Reflexion hervorgebrachten Ideen achtet, wird in denselben keine Kraft oder Thätigkeit wahrnehmen; es ist demgemäss nichts Derartiges in ihnen enthalten. Ein wenig Aufmerksamkeit wird uns zeigen, dass das Sein einer Idee die Passivität oder Inactivität so durchaus involvirt, dass es unmöglich ist, dass eine Idee etwas thue, oder, um den genauen Ausdruck zu gebrauchen, die Ursache von irgend Etwas sei; auch kann sie nicht das Abbild oder der Abdruck von irgend einem activen Dinge sein, wie aus Section VIII. hervorgeht. Hieraus folgt offenbar, dass Ausdehnung, Figur und Bewegung nicht die Ursache unserer Sinnesempfindungen sein können. Wenn man sagt, dass diese die Wirkungen von Kräften seien, die aus der Gestalt, Zahl, Bewegung und Grösse von kleinsten Körpertheilen hervorgehen, so muss dies hiernach gewiss falsch sein.

XXVI. Wir percipiren eine beständige Folge von Ideen; einige derselben werden von Neuem hervorgerufen, andere werden verändert oder verschwinden ganz. Es giebt demnach eine Ursache dieser Ideen, wovon sie abhängen und durch die sie hervorgebracht und verändert werden. Dass diese Ursache keine Eigenschaft oder Idee oder Verbindung von Ideen sein kann, ist klar aus der vorigen Section. Dieselbe muss also eine Substanz sein; es ist aber gezeigt worden, dass es nicht eine körperliche oder materielle Substanz giebt; es bleibt also nur übrig, dass die Ursache der Ideen eine unkörperliche thätige Substanz oder ein Geist ist.

XXVII. Ein Geist ist ein einfaches, untheilbares thätiges Wesen, welches, sofern es Ideen percipirt, *Verstand*, und sofern es sie hervorbringt oder anderweitig in Bezug auf sie thätig ist, *Wille* heisst. Daher kann keine Idee einer Seele oder eines Geistes gebildet werden; denn da (nach Section XXV.) alle Ideen passiv oder unthätig sind, so können sie uns nicht als Abbilder oder durch Aehnlichkeit das, was wirkt, repräsentiren. Ein wenig Aufmerksamkeit wird einem Jeden klar machen, dass es absolut unmöglich ist, eine Idee zu haben, welche jenem thätigen Princip der Bewegung und des Wechsels der Ideen ähnlich sei. Derartig ist die Natur des Geistes oder dessen, was wirkt, dass derselbe nicht an sich selbst percipirt werden kann, sondern nur vermöge der Wirkungen, die er hervorbringt. Wenn Jemand an der Wahrheit des hier Vorgetragenen zweifelt, so mag er nur nachdenken und versuchen, ob er die Idee irgend einer Kraft oder eines thätigen Dinges bilden könne, und ob er Ideen von zwei Grundkräften habe, die durch die Namen *Wille* und *Verstand* bezeichnet werden und ebensowohl von einander verschieden sind, wie von einer dritten Idee, nämlich der Idee der Substanz oder des Seienden überhaupt, die mit der Relationsvorstellung verbunden ist, die vorhin genannten Kräfte zu tragen oder ihr Substrat zu sein, und den Namen trägt *Seele* oder *Geist*. Einige nehmen dies an; aber so viel ich sehen kann, bezeichnen die Worte *Wille, Seele, Geist* nicht verschiedene Ideen oder in Wahrheit überhaupt nicht irgend eine Idee, sondern etwas, was von Ideen sehr verschieden ist und was, da es etwas Thätiges ist, nicht irgend welcher Idee ähnlich oder durch dieselbe repräsentirt sein kann. Doch muss gleichzeitig zugegeben werden, dass wir einen gewissen *Begriff* (notion) von der Seele, dem Geist und den psychischen Thätigkeiten, wie Wollen, Lieben, Hassen haben, sofern wir den Sinn dieser Worte kennen oder verstehen.

XXVIII. Ich finde, dass ich Ideen in meinem Geiste nach Belieben hervorrufen und die Scene so oft wechseln und sich verändern lassen kann, als ich es für geeignet halte. Ich brauche nur zu wollen und sofort taucht diese oder jene Idee in meiner Phantasie auf, und durch dieselbe Kraft tritt sie ins Unbewusstsein zurück und macht einer anderen Platz. Dieses Produciren und Aufheben von Ideen berechtigt uns, den Geist recht eigentlich activ zu nennen. Dieses alles ist gewiss und auf Erfahrung gegründet; wenn wir dagegen von nicht denkenden activen

Dingen oder von einem Hervorrufen von Ideen durch etwas anderes als den Willen reden, dann spielen wir nur mit Worten.

XXIX. Aber was für eine Macht ich auch immer über meine eigenen Gedanken haben mag, so finde ich doch, dass die Ideen, die ich gegenwärtig durch die Sinne percipire, nicht in einer gleichen Abhängigkeit von meinem Willen stehen. Wenn ich bei vollem Tageslicht meine Augen öffne, so steht es nicht in meiner Macht, ob ich sehen werde oder nicht, noch auch, welche einzelnen Objecte sich meinem Blicke darstellen werden, und so sind gleicherweise auch beim Gehör und den anderen Sinnen die ihnen eingeprägten Ideen nicht Geschöpfe meines Willens. Es giebt also einen anderen Willen oder Geist, der sie hervorbringt.

XXX. Die sinnlichen Ideen sind stärker, lebhafter und bestimmter als die Ideen der Einbildungskraft; sie haben desgleichen eine gewisse Beständigkeit, Ordnung und Zusammenhang und werden nicht auf's Gerathewohl hervorgerufen, wie es diejenigen oft werden, welche die Wirkungen menschlicher Willensacte sind, sondern in einer geordneten Folge oder Reihe, deren bewunderungswürdige Verbindung ausreichend die Weisheit und Güte ihres Urhebers bezeugt. Nun werden die festen Regeln oder bestimmten Weisen, wonach der Geist, von dem wir abhängig sind, in uns die sinnlichen Ideen erzeugt, die *Naturgesetze* genannt, und diese lernen wir durch Erfahrung kennen, die uns belehrt, dass gewissen bestimmten Ideen bestimmte andere Ideen in dem gewöhnlichen Laufe der Dinge folgen.

XXXI. Dies giebt uns eine gewisse Voraussicht, welche uns befähigt, unsere Handlungen zum Nutzen des Lebens zu ordnen. Ohne diese Voraussicht würden wir unablässig in Verlegenheit sein; wir könnten nicht wissen, wie wir es anzustellen hätten, uns auch nur das geringste Vergnügen zu verschaffen oder den geringsten sinnlichen Schmerz abzuwehren. Dass Speise uns nährt, Schlaf erfrischt, Feuer wärmt, dass das Säen in der Saatzeit das Mittel ist, im Herbst zu ernten, und im Allgemeinen, dass, um bestimmte Zwecke zu erreichen, bestimmte Mittel dienlich sind, dies alles wissen wir nicht durch Entdeckung irgend einer nothwendigen Verbindung zwischen unseren Ideen, sondern nur durch die Beobachtung der festen Naturgesetze, ohne welche wir Alle in Ungewissheit und Verwirrung wären und ein erwachsener Mann ebensowenig wie ein neugeborenes Kind wüsste, wie er sich im Leben zu benehmen habe.

XXXII. Und doch ist diese beständige gleichmässige Wirksamkeit, welche so deutlich die Güte und Weisheit des herrschenden Geistes offenbart, dessen Wille die Gesetze der Natur constituirt, so weit davon entfernt, unsere Gedanken zu ihm hinzuleiten, dass es sie vielmehr veranlasst, zweiten Ursachen (Mittelursachen, durch Gott bedingten Ursachen) nachzuforschen. Denn wenn wir bemerken, dass bestimmten sinnlichen Ideen beständig andere Ideen folgen, und wenn wir wissen, dass dies nicht durch uns bewirkt wird, so schreiben wir sofort Kraft und Wirksamkeit den Ideen selbst zu und betrachten die eine als die Ursache einer anderen, und doch kann nichts thörichter und unverständiger sein als dies. Haben wir z.B. beobachtet, dass, wenn wir durch das Gesicht eine gewisse runde leuchtende Gestalt wahrgenommen haben, wir gleichzeitig durch das Gefühl die Idee oder Sinneswahrnehmung erhalten, welche *Hitze* genannt wird, so schliessen wir hieraus, die Sonne sei die Ursache der Hitze. In gleicher Weise sind wir geneigt, wenn wir wahrnehmen, dass die Bewegung und der Zusammenstoss von Körpern mit einem Schall verbunden ist, den letzteren für eine Wirkung jenes Vorgangs zu halten.

XXXIII. Die durch den Urheber der Natur den Sinnen einge-prägten Ideen heissen *wirkliche Dinge*; diejenigen aber, welche durch die Einbildungskraft hervorgerufen werden und weniger regelmässig, lebhaft und beständig sind, werden als *Ideen im engeren Sinne* oder als *Bilder der Dinge*, welche sie nachbilden und darstellen, bezeichnet. Dann sind aber unsere Sinneswahr-nehmungen, wie lebhaft und bestimmt sie auch sein mögen, nichtsdestoweniger Ideen, d.h. sie existiren in dem Geiste oder werden durch den Geist percipirt, ebenso gewiss wie *die* Ideen, welche er selbst gestaltet. Es ist zuzugeben, dass die sinnlichen Ideen mehr Realität in sich tragen, d.h. sie sind kräftiger, geord-neter, zusammenhängender, als die Geschöpfe des Geistes; aber dies beweist nicht, dass sie ausserhalb des Geistes existiren. Sie sind auch in geringerem Grade von dem Geiste oder der denkenden Substanz, welche sie percipirt, abhängig, indem sie durch den Willen eines anderen und mächtigeren Geistes hervor-gerufen werden; aber sie sind doch Ideen, und sicherlich kann keine Idee, sie mag schwach oder stark sein, anders existiren, als in einem Geiste, der sie percipirt.

XXXIV. Bevor wir weiter gehen, müssen wir einige Zeit auf die Beantwortung von Einwürfen wenden, die vermuthlich gegen die bisher dargelegten Principien erhoben werden mögen. Wenn ich hierbei Personen von rascher Auffassung zu ausführlich zu sein scheine, so hoffe ich doch auf Verzeihung, weil nicht alle Menschen mit gleicher Leichtigkeit Dinge von dieser Art auffas-sen, und ich doch von Jedermann verstanden werden mochte. Es wird wohl zuerst eingewandt werden, dass durch die vorste-henden Principien alles, was reell und substantiell in der Natur sei, aus der Welt verbannt werde, und dass an die Stelle davon ein phantastisches Ideensystem trete. Alles, was existirt, existirt nur in dem Geiste, d.h. es wird blos vorgestellt. Was wird demnach aus Sonne, Mond und Sternen? Was müssen wir denken von Häusern, Flüssen, Bergen, Bäumen, Steinen, ja von unserem eigenen Körper? Sind diese alle nur ebenso viele Chimären und Täuschungen der Phantasie? Auf alle diese und alle derartigen Einwürfe antworte ich, dass wir vermöge der vorstehenden Principien keines einzigen Naturobjectes verlustig gehen. Was auch immer wir sehen, fühlen, hören oder irgendwie begreifen oder verstehen, bleibt so gewiss und ist so real, wie es je gewesen ist. Es giebt eine Natur (rerum natura), und die Unterscheidung zwischen Realitäten und Chimären behält ihre volle Kraft. Dies geht klar hervor aus Sect. XXIX, XXX, XXXIII, wo wir gezeigt haben, was unter dem Ausdruck *reelle Dinge* im Unterschied von Chimären oder durch uns selbst gebildeten Ideen zu verstehen sei; beide jedoch existiren gleichmässig in dem Geiste und sind in diesem Sinne gleich sehr Ideen.

XXXV. Ich bestreite nicht die Existenz irgend eines Dinges, das wir durch Sinneswahrnehmung oder durch Reflexion auf unser Inneres zu erkennen vermögen. Dass die Dinge, die ich mit meinen Augen sehe und mit meinen Händen betaste, existiren, wirklich existiren, bezweifle ich nicht im Mindesten. Das Einzige, dessen Existenz wir in Abrede stellen, ist das, was die Philosophen Materie oder körperliche Substanz nennen. Und indem dies geschieht, verlieren die übrigen Menschen nichts, die, wie ich wohl sagen darf, diese Materie nicht vermissen werden. Allerdings werden die Atheisten die anscheinende Stütze verlieren, welche ein leeres Wort ihrer unfrommen Ansicht gewährt, und die Philosophen werden vielleicht finden, dass sie einen mächtigen Anlass zur Tändelei und Disputation verloren haben.

XXXVI. Wenn Jemand glaubt, dies thue der Existenz oder

Realität der Dinge Eintrag, so ist er weit davon entfernt, das zu verstehen, was in so deutlichen Ausdrücken, wie es mir nur möglich war, bisher auseinandergesetzt worden ist. Ich fasse hier die Hauptpunkte des Gesagten zusammen. Es giebt psychische Substanzen, Geister oder menschliche Seelen, welche in sich selbst Ideen nach Belieben durch ihren Willen hervorrufen; aber diese Ideen sind matt, schwach und unbeständig im Vergleich mit anderen, die sie durch die Sinne percipiren, und die, indem sie diesen nach gewissen Regeln oder Naturgesetzen eingeprägt werden, sich selbst als Wirkungen eines Geistes bekunden, der mächtiger und weiser ist, als die menschlichen Geister. Von diesen letzteren Ideen wird gesagt, dass sie mehr *Realität* in sich tragen als die ersteren, worunter zu verstehen ist, dass sie stärker afficiren, mehr geordnet und bestimmt und nicht willkürliche Gebilde des sie percipirenden Geistes sind. In diesem Sinne ist die Sonne, welche ich bei Tage sehe, die wirkliche Sonne, und die, welche ich zur Nachtzeit vorstelle, die (abbildliche) Idee der ersteren. In dem hier bezeichneten Sinne von *Realität* ist offenbar jede Pflanze, jeder Stern, jedes Mineral und im Allgemeinen jeder Theil des Weltsystems nach unseren Principien ebenso sehr, wie nach irgend welchen anderen, ein *wirkliches Ding*. Ich bitte die Leser, ihre eigenen Gedanken zu betrachten und zuzusehen, ob sie etwas hiervon Verschiedenes unter dem Terminus *Realität* verstehen.

XXXVII. Es wird entgegnet werden, es sei doch wenigstens so viel wahr, dass wir alle körperlichen Substanzen aufheben. Hierauf antworte ich, dass, wenn das Wort *Substanz* in dem gewöhnlichen Sinne genommen wird, als Bezeichnung einer Verbindung sinnfälliger Eigenschaften, wie Ausdehnung, Solidität, Gewicht und ähnlicher, mit einander, wir nicht beschuldigt

werden können, dies zu negiren; wird es aber in einem philosophischen Sinne genommen, worin es den Träger von Accidentien
oder Eigenschaften ausserhalb des Geistes bezeichnen soll, dann
erkenne ich in der That an, dass wir das hiermit Gemeinte aufheben, wenn anders von Jemand gesagt werden kann, dass er etwas
aufhebe, was niemals irgend eine Existenz gehabt hat, selbst
nicht in der blossen Vorstellung.

XXXVIII. Aber, sagt ihr, es lautet sehr anstössig, wenn
gesagt wird: wir essen und trinken Ideen und sind bekleidet mit
Ideen. Ich gebe zu, dass dies einen solchen Eindruck mache,
und zwar darum, weil das Wort *Idee* in der gewöhnlichen Rede
nicht gebraucht wird, um die verschiedenen Combinationen
sinnlicher Eigenschaften zu bezeichnen, welche *Dinge* genannt
werden, und es ist gewiss, dass eine jegliche Ausdrucksweise,
die von dem gewöhnlichen Sprachgebrauch abweicht, anstössig
und lächerlich erscheint. Aber dies betrifft nicht die Wahrheit
dieses Satzes, der, obschon in anderen Worten, nichts anderes
besagt, als dass wir uns nähren und bekleiden mit Dingen,
welche wir unmittelbar durch unsere Sinne percipiren. Die
Härte oder Weichheit, die Farbe, der Geschmack, die Wärme,
die Figur und derartige Eigenschaften, welche in ihrer gegenseitigen Verbindung die verschiedenen Arten von Lebensmitteln
und Kleidungsstücken ausmachen, existiren, wie gezeigt worden
ist, blos in dem Geiste, der sie percipirt, und nur dies ist
gemeint, wenn wir sie *Ideen* nennen; wäre dieses Wort ebenso
im gewöhnlichen Gebrauch wie *Ding*, so würde jener Ausdruck
ebenso wenig seltsam oder lächerlich klingen als dieser. Ich
kämpfe nicht für die Schicklichkeit, sondern für die Wahrheit
des Ausdrucks, und werde demgemäss, wenn ihr mit mir in der
Ansicht übereinkommt, dass wir die unmittelbaren Objecte der

Sinne, die nicht unpercipirt oder ausserhalb des Geistes existiren können, essen und trinken und zu unserer Bekleidung
gebrauchen, gern zugeben, dass es schicklicher oder dem
Gebrauch angemessener ist, sie »Dinge«, als »Ideen« zu
nennen.

XXXIX. Wenn gefragt wird, warum ich das Wort *Idee*
gebrauche und sie nicht lieber im Anschluss an den Sprachgebrauch *Dinge* nenne, so antworte ich: ich thue das aus zwei
Gründen: erstens, weil insgemein vorausgesetzt wird, dass der
Ausdruck *Ding* im Gegensatz zu Idee etwas bezeichne, das
ausserhalb des Geistes existire, zweitens, weil *Ding* eine umfassendere Bedeutung hat als *Idee*, indem es Geister oder denkende
Dinge ebensowohl wie Ideen bezeichnet. Da nun die Sinnesobjecte blos in dem Geiste existiren und durchaus ohne Denken und
Thätigkeit sind, so ziehe ich vor, sie durch das Wort *Idee* zu
bezeichnen, in dessen Bedeutung diese Merkmale liegen.

XL. Vielleicht aber erwidert Jemand, was wir auch immer
sagen mögen, er wolle seinen Sinnen glauben und nicht zugeben,
dass Argumente irgend welcher Art, wie plausibel dieselben auch
seien, mehr gelten als die sinnliche Gewissheit. Dem sei so,
behauptet, so sehr ihr mögt, die Zuverlässigkeit der Sinne, wir
sind ganz damit einverstanden. Das, was ich sehe, höre und
fühle, existirt, d.h. es wird durch mich percipirt; daran zweifle
ich ebenso wenig wie an meinem eigenen Sein. Aber ich sehe
nicht, wie das Zeugniss des Sinnes als ein Beweis der Existenz
eines Dinges angeführt werden kann, welches nicht durch den
Sinn percipirt wird. Wir wollen nicht, dass irgend Jemand ein
Zweifler werde und seinen Sinnen misstraue, wir gestehen
denselben im Gegentheil alle denkbare Kraft und Zuverlässigkeit
zu; auch giebt es keine Principien, welche dem Skepticismus

mehr widerstritten als die von uns dargelegten, wie hernach klar gezeigt werden wird.

XLI. Zweitens wird eingewandt werden, es sei ein grosser Unterschied zwischen wirklichem Feuer z.B. und der Idee eines Feuers, zwischen dem Traum oder der Einbildung, man habe sich verbrannt und dem wirklichen Verletztsein durch Feuer; dies und Aehnliches mag zur Bekämpfung unserer Thesen vorgebracht werden. Die Antwort auf alles dies ergiebt sich klar aus dem schon Gesagten, und ich darf hier nur beifügen, dass wenn wirkliches Feuer sehr verschieden von der Idee Feuer ist, ebenso auch der wirkliche Schmerz, den es verursacht, sehr verschieden von der Idee des nämlichen Schmerzes ist, und es hat doch noch Niemand behauptet, dass nur die Idee des Schmerzes in dem Geiste sei, wirklicher Schmerz aber in einem nicht percipirenden Dinge oder ausserhalb des Geistes sei oder sein könne.

XLII. Drittens wird eingewandt werden, dass wir Objecte thatsächlich ausserhalb unser oder in einer Entfernung von uns erblicken, und dass dieselben demgemäss nicht in dem Geiste existiren, da die Annahme ungereimt sei, dass die Dinge, welche in der Entfernung von einigen Meilen gesehen werden, uns so nahe seien wie unsere eigenen Gedanken. Hierauf antworte ich, man möge doch in Betracht ziehen, dass wir im Traume oft Dinge so percipiren, als existirten sie in einer grossen Entfernung von uns, und dass ungeachtet dessen anerkannt wird, dass diese Dinge ihre Existenz nur in dem Geiste haben.

XLIII. Um aber hierüber vollere Klarheit zu gewinnen, mag es der Mühe werth sein, in Betracht zu ziehen, wie es geschieht, dass wir durch den Gesichtssinn Entfernungen und von uns entfernte Dinge wahrnehmen. Denn wenn wir in Wahrheit einen ausser uns liegenden Raum und wirklich in ihm existirende

Körper, die einen in grösserer Nähe, die anderen in weiterer
Entfernung von uns wahrnehmen können, so scheint dies einigermaassen dem oben Gesagten, dass sie nirgendwo ausserhalb des
Geistes existiren, zu widerstreiten. Die Erwägung dieser Schwierigkeit war das, was meinen »*Versuch einer neuen Theorie des
Sehens*« veranlasste, der vor nicht langer Zeit veröffentlicht
worden ist. Hierin wird gezeigt, dass Entfernung oder Draussen-
sein vermöge des Gesichtssinnes nicht unmittelbar durch sich
selbst percipirt wird, und dass sie auch nicht auf Grund von
Linien und Winkeln oder irgend etwas damit in nothwendiger
Verbindung Stehendem aufgefasst oder beurtheilt wird, sondern
vielmehr uns zum Bewusstsein durch gewisse sichtbare Ideen
und das Sehen begleitende Wahrnehmungen gelangt, welche an
sich selbst keine Aehnlichkeit mit oder Beziehung zu Entfernung
und entfernten Dingen haben, vermöge einer Verbindung aber,
welche wir durch Erfahrung kennen lernen, uns zu reichen für
Entfernung und entfernte Dinge werden und uns diese ins
Bewusstsein rufen, in derselben Weise, wie Worte irgend einer
Sprache die Ideen, zu deren Vertretung sie gebildet worden sind,
ins Bewusstsein rufen. So erklärt es sich, dass ein Blindgeborner,
der später zum Sehen befähigt wird, anfänglich nicht glaubt, dass
die Dinge, die er sieht, ausserhalb seines Geistes oder in irgend
einer Entfernung von ihm selbst seien. Siehe Section XLI. der
erwähnten Abhandlung.

XLIV. Die Ideen des Gesichts- und des Tastsinnes machen
zwei ganz verschiedene und unähnliche Species aus. Die ersteren
sind Zeichen und Prognostica der letzteren. Dass die eigenthümlichen Objecte des Gesichtssinnes weder ausserhalb des Geistes
existiren, noch Bilder von äusseren Dingen sind, haben wir auch
in jener Abhandlung gezeigt, obschon in derselben vorausgesetzt

wird, dass das Gegentheil von den tastbaren Objecten gelte, nicht
als ob die Zustimmung zu diesem vulgären Irrthum erforderlich
sei, um die dort aufgestellten Ansichten zu begründen, sondern
nur weil es ausserhalb meines Planes lag, denselben in einer
Abhandlung über das Sehen zu prüfen und zu widerlegen. Streng
genommen ist demnach von den Gesichtswahrnehmungen, wenn
wir durch sie Entfernung und entfernte Dinge auffassen, zu
sagen, dass sie uns nicht Dinge, die gegenwärtig in einer Entfernung existiren, bekunden oder zum Bewusstsein bringen,
sondern uns nur darauf aufmerksam machen, welche Tastideen in
unserem Geiste entstehen werden nach bestimmten Zeitab-
schnitten und in Folge bestimmter Handlungen. Es ist, sage ich,
offenbar nach dem, was in den früheren Theilen dieser Schrift
gesagt worden ist, wie auch in Section CXLVII. und an anderen
Stellen des »Versuchs über das Sehen«, dass sichtbare Ideen die
Sprache sind, wodurch der herrschende Geist, von dem wir
abhängig sind, uns belehrt, was für tastbare Ideen er uns einzuprägen in Begriff stehe, falls wir diese oder jene Bewegung in
unserem eigenen Körper hervorrufen. Wer jedoch eine vollständigere Belehrung über diesen Punkt sucht, den verweise ich auf
den »Versuch« selbst.

XLV. Viertens wird eingewandt werden, es folge aus den
obigen Principien, dass die Dinge in jedem Augenblick
vernichtet und neugeschaffen werden. Die sinnlichen Dinge existiren nur, wenn sie percipirt werden, die Bäume also sind in dem
Garten oder die Stühle in dem Zimmer nicht länger, als Jemand
da ist, der sie wahrnimmt. Schliesse ich meine Augen, so wird
Alles, was sich auf der Strasse befindet, auf nichts reducirt, und
wenn ich nur dieselben öffne, so wird es von Neuem geschaffen.
Zur Antwort auf alles dies verweise ich den Leser auf das, was in

Section III, IV etc. gesagt worden ist, und wünsche, er möge erwägen, ob er unter der wirklichen Existenz einer Idee etwas verstehe, was von ihrem Percipirtwerden verschieden ist. Ich meinestheils bin nach der genauesten Untersuchung, die ich anstellen konnte, nicht im Stande gewesen, irgend etwas Anderes zu entdecken, was diese Worte bedeuten. Und ich bitte noch einmal den Leser, seine eigenen Gedanken zu erforschen und sich nicht durch Worte täuschen zu lassen. Wenn er es als möglich denken kann, dass entweder seine Ideen oder deren Urbilder existiren, ohne percipirt zu werden, dann vertheidige ich meinen Satz nicht mehr; kann er dies aber nicht, so muss er zugeben, dass er nicht vernunftgemäss verfährt, indem er sich zum Vertheidiger von – er weiss nicht was – aufwirft und mir als eine Ungereimtheit vorwirft, dass ich Sätzen nicht beistimme, die im Grunde sinnlos sind.

XLVI. Es darf nicht unbemerkt bleiben, in welchem Maasse den herrschenden philosophischen Principien selbst die vorgeblichen Ungereimtheiten sich vorwerfen lassen. Es wird für eine gar ungereimte Ansicht gehalten, dass, wenn ich meine Augen schliesse, alle sichtbaren Objecte in meiner Umgebung auf nichts sich reduciren sollen, und ist es nicht doch eben dies, was die Philosophen durchgängig zugeben, indem sie allseitig darin übereinkommen, dass Licht und Farben, die einzigen eigentlichen und unmittelbaren Objecte des Sehens, blosse sinnliche Empfindungen sind, die nicht länger existiren, als sie percipirt werden? Ferner mag es Einigen vielleicht sehr unglaublich scheinen, dass die Dinge jeden Augenblick erschaffen werden; aber eben dieser Satz ist die gewöhnliche Lehre der Schulen. Denn die Schulphilosophen sind, obschon sie die Existenz der Materie anerkennen und annehmen, dass das ganze Weltgebäude aus ihr gebildet sei, nichtsdestoweniger der Ansicht, dass dieselbe nicht ohne die göttliche Erhaltung bestehen könne, die von ihnen für ein fortwährendes Schaffen erklärt wird.

XLVII. Ferner wird einiges Nachdenken uns zeigen, dass wenn schon die Existenz der Materie oder körperlichen Substanz zugegeben wird, doch unabweisbar aus den Principien, die jetzt allgemein anerkannt sind, folgt, dass die einzelnen Körper, von welcher Art dieselben auch sein mögen, sämmtlich nicht existiren, so lange sie nicht percipirt werden. Denn aus Section XI ff. geht hervor, dass die Materie, deren Existenz die Philosophen behaupten, ein unbegreifliches Etwas ist, welches keine solchen Eigenschaften hat, durch welche die unseren Sinnen wahrnehmbaren Körper sich von einander unterscheiden. Um dies aber genauer zu erklären, muss ich bemerken, dass die unendliche Theilbarkeit der Materie jetzt allgemein angenommen wird, wenigstens von den anerkanntesten und ausgezeichnetsten Philosophen, die auf Grund der angenommenen Grundlehren dieselbe unwiderleglich darthun. Hieraus folgt, dass unendlich viele Theile in jedem Theile der Materie seien, die nicht sinnlich wahrgenommen werden. Demgemäss ist der Grund, weshalb irgend ein einzelner Körper von einer begrenzten Grösse zu sein scheint oder nur eine endliche Zahl von Theilen den Sinnen zeigt, nicht der, dass er nicht mehr Theile enthielte, da er ja an sich selbst eine unendliche Zahl von Theilen enthalten soll, sondern der, dass der Sinn nicht scharf genug ist, dieselben zu unterscheiden. In dem Maasse, wie der Sinn schärfer wird, percipirt er demnach eine grössere Zahl von Theilen in dem Object, d.h. das Object erscheint grösser und seine Gestalt ändert sich, da die Theile an seinen Enden, welche zuvor unwahrnehmbar waren, jetzt es in Linien und Winkeln begrenzen, die sehr verschieden von den früher durch den stumpferen Sinn wahrgenommenen sind. Und zuletzt muss, nach verschiedenen Aenderungen der Grösse und Gestalt, wenn der Sinn unendlich scharf wird, der Körper als unendlich erscheinen. Während aller dieser Vorgänge findet keine Aenderung in dem Körper statt, sondern nur in dem denselben wahrnehmenden Sinne. Demnach ist jeder Körper, an sich selbst betrachtet, unendlich ausgedehntes, und demzufolge ohne alle Gestalt oder Figur. Hieraus ergiebt sich, dass, wenn schon die Existenz der Materie als noch so gewiss zugegeben würde, es doch ebenso gewiss ist, dass die Materialisten selbst durch ihre eigenen Principien genöthigt sind anzuerkennen, dass weder die einzelnen sinnlich wahrgenommenen Körper, noch irgend etwas, das denselben ähnlich wäre, ausserhalb des Geistes existire. Die Materie, sage ich, und jedes Theilchen von ihr ist nach der Consequenz ihrer Principien unendlich und gestaltlos, und der Geist ist es, der alle die Mannichfaltigkeit von Körpern gestaltet, welche die sichtbare Welt ausmachen, und von welchen jeder beliebige nicht länger existirt, als er percipirt wird.

XLVIII. Sehen wir genauer zu, so zeigt sich, dass der in Section XLV. vorgetragene Einwurf nicht mit Recht gegen unsere oben aufgestellten Principien gerichtet wird, und dass er überhaupt nicht irgendwie als ein Einwurf gegen dieselben gelten kann. Denn obschon wir in der That die Sinnesobjecte für nichts anderes halten als für Ideen, die nicht unpercipirt existiren können, so dürfen wir doch hieraus nicht schliessen, dass sie nur so lange eine Existenz haben, als sie *durch uns* percipirt werden, weil ein anderer Geist existiren kann, der sie percipirt, wenn auch wir dies nicht thun. Wird gesagt, Körper existiren nicht ausserhalb des Geistes, so darf dies nicht so verstanden werden, als wäre dieser oder jener einzelne Geist gemeint sondern alle

Geister, welche es auch seien. Demgemäss folgt nicht aus den vorstehenden Principien, dass die Körper in jedem Augenblick vernichtet und geschaffen werden oder überhaupt gar nicht während der Intervalle zwischen unseren Perceptionen existiren.

XLIX. Fünftens wird vielleicht eingewandt werden, wenn Ausdehnung und Figur nur in dem Geiste existiren, so folge, dass der Geist ausgedehnt und gestaltet sei; denn Ausdehnung sei ein Modus oder ein Attribut, das (um in der Schulsprache zu reden) von dem Subject (Substrat), in welchem es existirt, prädicirt werde. Ich antworte: diese Qualitäten sind in dem Geiste nur insofern, als sie durch ihn percipirt werden, d.h. nicht in der Weise eines Modus oder Attributs, sondern nur in der Weise einer Idee, und es folgt ebenso wenig, dass die Seele oder der Geist ausgedehnt sei, weil Ausdehnung in ihm existirt, wie dass er roth oder blau sei, weil diese Farben, wie allseitig zugegeben wird, in ihm und nirgendwo sonst existiren. Was die Philosophen über Subject (Substrat) und Modus sagen, das scheint sehr grundlos und unverständlich zu sein. Sie wollen z.B., dass in dem Satze: ein Würfel ist hart, ausgedehnt und eckig, das Wort *Würfel* ein Subject oder eine Substanz bezeichne, die von der Härte, Ausdehnung und Figur, welche davon ausgesagt werden und darin existiren, verschieden sei. Dies kann ich nicht verstehen; mir scheint ein Würfel nichts von dem, was als seine Modi oder Accidentien bezeichnet wird, Verschiedenes zu sein. Sagt man: ein Würfel ist hart, ausgedehnt und eckig, so heisst das nicht, dass man diese Eigenschaften einem von ihnen verschiedenen Subject, das sie trage, zuschreibe, sondern es ist nur eine Erklärung dessen, was man unter dem Worte *Würfel* verstehe.

L. Sechstens werdet ihr sagen, es sei sehr vieles durch Materie und Bewegung erklärt worden; wer diese wegnehme, zerstöre die ganze Corpuscular-Philosophie und untergrabe jene mechanischen Principien, die mit so beträchtlichem Erfolge zur Erklärung der Erscheinungen angewandt worden seien. Alle Fortschritte, die in der Naturforschung durch alte oder neuere Philosophen gemacht worden seien, fliessen sämmtlich aus der Voraussetzung her, dass die körperliche Substanz oder Materie wirklich existire. Hierauf antworte ich, dass nicht eine einzige Erscheinung durch diese Voraussetzung erklärt wird, die nicht ebenso gut ohne dieselbe erklärt werden könne, wie dies leicht durch eine (inductive) Zusammenstellung des Einzelnen gezeigt werden kann. Die Phänomene erklären heisst dasselbe, wie zeigen, warum wir bei bestimmten Anlässen mit bestimmten Ideen afficirt werden. Aber wie Materie auf einen Geist wirken oder irgend eine Idee in ihm hervorbringen möge, das zu erklären, wird sich kein Philosoph anheischig machen Demgemäss ist offenbar, dass die Annahme der Existenz der Materie von keinem Nutzen in der Naturlehre ist. Auch gründen die, welche die Dinge erklären wollen, ihre Erklärungsversuche nicht auf die körperliche Substanz, sondern auf Figur, Bewegung und andere Eigenschaften, die in Wahrheit blosse Ideen sind und demgemäss nicht Ursache von irgend etwas sein können, wie schon gezeigt worden ist. Siehe Section XXV.

LI. Siebentens wird hierbei gefragt werden, ob es nicht ungereimt zu sein scheine, mit Aufhebung von Naturursachen jegliches der unmittelbaren Wirkung von Geistern zuzuschreiben. Wir müssen diesen Principien gemäss nicht mehr sagen, dass Feuer heiss macht, Wasser kühlt, sondern dass der Geist heiss macht und so fort. Würde nicht Jemand, der sich in dieser Weise ausdrücken wollte, gebührend verlacht werden? Ich antworte: ja, er würde es werden. In solchen Dingen müssen wir *denken mit* *den Gelehrten und sprechen mit dem Volke.* Die, welche durch Beweisführung von der Wahrheit des Copernicanischen Systems überzeugt worden sind, sagen nichtsdestoweniger: die Sonne geht auf, geht unter, erreicht den Meridian, und erkünstelten sie eine entgegengesetzte Ausdrucksweise in der gewöhnlichen Rede, so würde das ohne Zweifel als sehr lächerlich erscheinen. Ein wenig Nachdenken über das hier Gesagte wird zeigen, dass der gemeine Sprachgebrauch in keiner Art eine Aenderung oder Störung durch die Annahme unserer Principien erfahren würde.

LII. In den gewöhnlichen Angelegenheiten des Lebens mögen übliche Ausdrücke so lange beibehalten werden, als sie in uns die geeigneten Empfindungen oder Zustände hervorrufen, vermöge deren wir so handeln, wie es für unser Wohlsein erforderlich ist, so falsch sie auch immer sein mögen, wenn sie in einem strengen theoretischen Sinne genommen werden. Ja, dieses Verhältniss ist unvermeidlich, da der eigentliche Sinn der Ausdrücke durch den Gebrauch bestimmt wird und die Sprache daher den herrschenden Meinungen sich anschliesst, welche nicht immer die wahrsten sind. Hiernach ist es unmöglich selbst in den strengsten philosophischen Betrachtungen, niemals durch Abweichung von der Tendenz und dem Geiste der Sprache, in der wir reden, Spitzfindlern Anlass zu geben, angebliche Schwierigkeiten und Widerspruche bei uns zu finden. Aber ein wohlgesinnter und unbefangener Leser wird den Sinn aus dem Ziel und Fortgang und Zusammenhang eines Vertrags entnehmen, und die ungenauen Redeweisen gestatten, welche der Sprachgebrauch unvermeidlich macht.

LIII. Was die Ansicht betrifft, dass es keine körperlichen Ursachen gebe, so ist diese schon früher durch einige Scholastiker vertreten worden, wie neuerdings durch einige der

modernen Philosophen, welche, obschon sie annehmen, dass
Materie existire, doch wollen, dass Gott allein die unmittelbar
wirkende Ursache von Allem sei. Diese Männer haben richtig
erkannt, dass unter allen Sinnesobjecten keine seien, die irgend
eine Kraft besässen oder eine Thätigkeit zu üben vermöchten,
und dass demgemäss das Gleiche von allen Körpern, deren Existenz ausserhalb des Geistes sie voraussetzen, ebenso gelte wie
von den unmittelbaren Sinnesobjecten. Aber wenn sie nun
annehmen, dass es eine unzählige Menge geschaffener Dinge
gebe, die doch nach ihrer eigenen Ansicht nicht fähig sind,
irgend eine Wirkung in der Natur hervorzubringen, und die daher
zu gar keinem Zweck geschaffen sind, da Gott Jegliches ebenso
gut auch ohne dieselben hätte bewirken können: so ist dies,
meine ich, auch wenn es als möglich zugegeben würde, doch
gewiss eine sehr vernunftwidrige und ausschweifende Annahme.

LIV. Achtens. Die allgemeine einmüthige Anerkennung der
Menschen mag von Einigen für ein unüberwindliches Argument
zu Gunsten der Materie oder der Existenz äusserer Dinge
gehalten werden. Sollen wir annehmen, dass alle Welt im Irrthum
sei, und wenn dem so ist, welche Ursache kann dann angegeben
werden für einen so weit verbreiteten und herrschenden Irrthum?
Ich antworte: Erstens. Durch eine genaue Untersuchung wird
vielleicht gefunden werden, dass nicht so Viele, wie man sich
vorstellt, wirklich an die Existenz von Materie oder Dingen
ausserhalb des Geistes glauben. Streng genommen ist es unmöglich, an das zu glauben, was einen Widersprach in sich schliesst
oder sinnlos ist, und ob die vorerwähnten Ausdrücke von dieser
Art seien oder nicht, gebe ich der unparteiischen Prüfung des
Lesers anheim. In einem Sinne kann in der That gesagt werden,
dass die Menschen an die Existenz der Materie glauben, d.h. sie

handeln so, als ob die unmittelbare Ursache ihrer Wahrnehmungen, welche sie in jedem Augenblicke afficirt und ihnen so nahe und gegenwärtig ist, ein empfindungsloses undenkendes Wesen wäre. Aber es ist mir undenkbar, dass sie irgend einen klaren Sinn mit diesen Worten verknüpfen und daraus eine bestimmte theoretische Ansicht bilden sollten. Es ist dies nicht der einzige Fall einer Selbsttäuschung der Menschen vermöge der Einbildung, dass sie Sätze glaubten, die sie oft gehört haben, obschon sie im Grunde keinen bestimmten Gedanken damit verknüpfen.

LV. Ich antworte aber zweitens: dass, wenn auch zugestanden werden muss, dass einer Vorstellung eine sehr allgemeine und entschiedene Zustimmung zu Theil werde, hierin doch nur ein schwaches Argument ihrer Wahrheit für einen Jeden liegt, der in Betracht zieht, welch' einer grossen Zahl von Vorurtheilen und falschen Meinungen mit der äussersten Zähigkeit der nicht reflectirende Theil der Menschheit (welcher der weitaus grössere ist) anhange. Es gab eine Zeit, zu welcher die Gegenfüssler und die Erdbewegung als monströse Ungereimtheiten selbst von Gelehrten betrachtet wurden, und wenn wir erwägen, welch' einen geringen Theil diese von der gesammten Menschheit ausmachen, so werden wir finden, dass bis auf den heutigen Tag diese Begriffe nur noch sehr wenig in der Welt festen Fuss gefasst haben.

LVI. Aber man fordert, wir sollen eine Ursache dieses Vorurtheils angeben und seine Verbreitung in der Welt erklären. Ich antworte hierauf, dass die Menschen, da sie wissen, dass sie manche Ideen percipiren, deren Urheber sie nicht selbst sind, da dieselben nicht von innen her angeregt werden, noch auch von ihren eigenen Willensacten abhangen, in Folge hiervon annehmen, diese Ideen oder Objecte der Wahrnehmung hätten eine vom Geiste unabhängige Existenz ausserhalb desselben, ohne dass sie es sich jemals auch nur im Traum in den Sinn kommen lassen, dass in diesen Worten ein Widerspruch liege. Da aber Philosophen klar erkannt hatten, dass die unmittelbaren Objecte der Wahrnehmung nicht ausserhalb des Geistes existiren, so corrigirten sie in gewissem Maasse den Irrthum der Menge, fielen aber gleichzeitig in einen andern, der nicht weniger ungereimt scheint, nämlich, dass es gewisse Objecte gebe, die wirklich ausserhalb des Geistes seien oder eine von ihrem Percipirtwerden verschiedene Subsistenz haben, Objecte, von welchen unsere Ideen nur Bilder oder Aehnlichkeiten seien, die durch diese Dinge dem Geiste eingeprägt würden. Diese Vorstellung der Philosophen verdankt ihren Ursprung der nämlichen Ursache; wie die vorhin erwähnte, nämlich dem Bewusstsein, dass sie nicht selbst die Urheber ihrer eigenen Wahrnehmungen seien, von denen sie mit Evidenz erkennen, dass sie ihnen von aussen eingeprägt seien, und die demnach eine von den Geistern, denen sie eingeprägt sind, verschiedene Ursache haben müssen.

LVII. Warum sie aber annehmen, die sinnlichen Ideen würden von Dingen, die denselben ähnlich seien, hervorgerufen und nicht lieber auf einen Geist recurriren, der doch allein wirken kann, davon mag der Grund darin liegen: 1) dass sie nicht den Widerspruch bemerken, welcher ebensowohl in der Voraussetzung liegt, dass es ausserhalb des Geistes existirende Dinge gebe, die unseren Ideen ähnlich seien, als auch in der Annahme, dass diesen Kraft oder Thätigkeit zukomme; 2) dass der höchste Geist, der jene Ideen in unseren Geistern hervorruft, unserm Blick nicht bezeichnet und begrenzt wird durch irgend eine einzelne beschränkte Gruppe sinnlicher Ideen, wie menschliche wirkende Wesen uns bezeichnet werden durch ihre Grösse, ihr

Aussehen, ihre Glieder und Bewegungen; 3) dass seine Wirkungen regelmässig und gleichförmig sind; denn jedesmal, wenn der Lauf der Natur durch ein Wunder unterbrochen wird, sind die Menschen bereit, die Gegenwart eines höheren wirkenden Wesens anzuerkennen; sehen wir aber die Dinge ihren gewöhnlichen Verlauf nehmen, dann regen sie uns nicht zum Nachdenken an; ihre Ordnung und Verkettung ist zwar in der That ein Beweis der grössten Weisheit, Macht und Güte ihres Schöpfers, ist aber so beständig und uns etwas so Gewöhnliches, dass wir sie nicht als die unmittelbaren Wirkungen eines freien Geistes denken, besonders weil Unbeständigkeit und Veränderlichkeit beim Handeln, obwohl diese in der That eine Unvollkommenheit sind, uns doch als ein Zeichen von Freiheit zu gelten pflegen.

LVIII. Zehntens wird eingewandt werden, dass die von uns aufgestellten Begriffe nicht mit gewissen wohlbegründeten Wahrheiten in der Philosophie und Mathematik zusammenbestehen können. So sei z.B. jetzt die Bewegung der Erde von den Astronomen allgemein als eine auf die klarsten und überzeugendsten Beweise gegründete Wahrheit anerkannt; aber nach den obigen Principien könne es etwas Derartiges gar nicht geben. Denn da Bewegung nur eine Idee sei, so folge, dass dieselbe, wenn sie nicht wahrgenommen werde, nicht existire; die Erdbewegung aber werde nicht sinnlich wahrgenommen. Ich antworte: man wird finden, dass jene Annahme, wenn sie recht verstanden wird, den oben dargelegten Principien nicht widerstreitet; denn die Frage, ob die Erde in Bewegung sei oder nicht, läuft in Wahrheit nur darauf hinaus, ob wir Grund haben, aus den astronomischen Beobachtungen zu schliessen, dass, wenn wir unter gewissen Verhältnissen auf einem gewissen Standpunkt in einer bestimmten Entfernung von der Erde und Sonne ständen, wir die Erde inmitten des Chors der Planeten sich bewegen und in jedem Betracht als einen derselben erscheinen sehen würden, und dies wird nach den festgestellten Naturgesetzen, denen wir nicht Ursache haben zu misstrauen, vernunftgemäss aus den Erscheinungen geschlossen.

LIX. Wir können oft nach der Erfahrung, die wir von dem Lauf und der Aufeinanderfolge unserer Ideen gemacht haben, nicht etwa ungewisse Vermuthungen, sondern sichere und wohlbegründete Voraussagen über die Ideen machen, die wir in Folge einer grossen Menge von Handlungen haben werden, und wir können im Stande sein richtig darüber zu urtheilen, was uns erschienen sein würde, im Fall wir in Lagen wären, welche sehr verschieden von denjenigen sind, in welchen wir uns gegenwärtig befinden. Hierin besteht die Naturerkenntniss, die ihren Nutzen und ihre Gewissheit in sehr guter Uebereinstimmung mit dem oben Gesagten behalten kann. Es wird leicht sein, dies auf alle Einwürfe gleicher Art anzuwenden, welche auch immer es seien, die man aus der Grösse der Sterne oder irgend welchen anderen Entdeckungen in der Astronomie und der Naturwissenschaft überhaupt entnehmen kann.

LX. Elftens wird gefragt werden, wozu die merkwürdige Organisation der Pflanzen und der bewunderungswürdige Mechanismus in den Theilen der Thiere diene. Könnten nicht Pflanzen wachsen und Blätter und Blüthen treiben, und Thiere alle ihre Bewegungen vollziehen, auch ohne dass sie versehen wären mit allen jenen mannigfachen inneren Theilen, die so hübsch eingerichtet und zusammengefügt sind, und die, wenn sie Ideen sind, keine Kraft oder Wirksamkeit in sich haben und in keiner nothwendigen Verbindung mit den Wirkungen stehen, die ihnen zugeschrieben werden? Bringt ein Geist unmittelbar durch ein »Fiat« oder einen Act seines Willens jegliche Wirkung hervor, so müssen wir annehmen, dass alles Feine und Kunstvolle in den Werken der Menschen und der Natur zwecklos sei. Nach dieser Lehre müsste ein Künstler, obschon er Feder und Räder und das ganze Getriebe einer Uhr gemacht und alles in solcher Art eingerichtet hätte, wie er wusste, dass dadurch, die beabsichtigten Bewegungen bewirkt würden, doch glauben, dass dies alles zu nichts diene, und dass eine Intelligenz den Zeiger richte und gemäss der Tagesstunde stelle. Ist es so, warum sollte dann nicht die Intelligenz dies thun, ohne dass der Künstler sich die Mühe machte das Getriebe anzufertigen und zusammenzustellen? Warum ist nicht ein leeres Gehäuse ausreichend? Und wie geschieht es, dass, wenn irgend ein Fehler im Gang der Uhr ist, eine entsprechende Unordnung im Getriebe gefunden wird, und dass, nachdem eine geschickte Hand die Reparatur vollzogen hat, alles wieder in Ordnung ist? Das Gleiche kann gesagt werden von dem Uhrwerk der Natur, das grossentheils so wundervoll fein und zart ist dass es kaum durch das beste Mikroskop zu erkennen ist. Kurz, es wird gefragt werden, wie nach unseren Principien uns auch nur irgendwie befriedigende Erklärung gegeben oder ein Zweck bezeichnet werden könne von der Existenz unzähliger Körper und Maschinen, die mit der ausgesuchtesten Kunst gebildet sind, und die doch nach der gewöhnlichen philosophischen Theorie eine sehr angemessene Verwendung finden und eine Fülle von Erscheinungen zu erklären dienen.

LXI. Auf alles dies antworte ich erstens, dass, wenn auch in Bezug auf das Verfahren der Vorsehung und die Zwecke, die sie einigen Theilen der Natur gesetzt hat, einige Schwierigkeiten übrig blieben, die ich nicht durch die vorstehenden Principien zu lösen vermöchte, dennoch dieser Einwurf von geringem Gewicht sein würde gegen die Wahrheit und Gewissheit von Dingen, die mit der grössten Evidenz a priori bewiesen werden können. Zweitens sind aber auch die herrschenden Principien nicht frei von den gleichen Schwierigkeiten; denn es kann dabei ebensowohl die Frage aufgeworfen werden, zu welchem Zweck Gott jenen Umweg einschlage, durch Instrumente und Maschinen Dinge zu bewirken, die er, wie Niemand leugnen kann, durch das blosse Gebot seines Willens ohne jenen *Apparat* hätte bewirken können; ja, wenn wir näher die Sache betrachten, so werden wir finden, dass der Einwurf mit grosser Kraft gegen die zurückgewendet werden kann, welche annehmen, dass jene Maschinen ausserhalb des Geistes bestehen, denn es ist überzeugend nachgewiesen worden, dass Solidität, Grösse, Figur, Bewegung und Aehnliches keine Activität oder Wirkungskraft in sich tragen, wodurch sie fähig wären irgend eine Wirkung in der Natur hervorzubringen. S. Section XXV. Wer also annimmt, dass sie unwahrgenommen existiren (die Möglichkeit hiervon zugegeben), thut dies offenbar zwecklos, da der einzige Zweck, der ihnen in ihrer unwahrgenommenen Existenz zugeschrieben wird, der ist, jene wahrnehmbaren Erfolge hervorzubringen, die in Wahrheit nur einem Geiste zugeschrieben werden können.

LXII. Um aber die Schwierigkeit näher in's Auge zu fassen, muss bemerkt werden, dass, mag auch die Production aller jener Theile und Organe nicht durchaus nothwendig zur Hervorbringung irgend einer Wirkung sein, sie doch dazu erforderlich ist, in einer constanten, regelmässigen Weise den Naturgesetzen gemäss die Dinge hervorzubringen. Es giebt gewisse allgemeine Gesetze, die durch die ganze Kette von Naturerfolgen hindurch-

gehen; diese lernt man durch Beobachtung und Studium der
Natur kennen und wendet sie an ebensowohl zur Bildung von
Kunstproducten zum Behuf des Nutzens und Schmuckes des
Lebens, wie zur Erklärung der verschiedenen Phänomene; diese
Erklärung besteht nur darin, dass man die Uebereinstimmung
nachweist, in welcher irgend eine einzelne Erscheinung mit den
allgemeinen Gesetzen der Natur steht, oder, was dasselbe ist,
dass man die Gleichmässigkeit entdeckt, mit welcher die natürlichen Wirkungen erfolgen; dies wird Jedem einleuchten, der auf
die verschiedenen Fälle achtet, in welchen Philosophen von
Naturerscheinungen Rechenschaft zu geben behaupten. Dass ein
grosser Nutzen in diesen regelmässigen, constanten Weisen des
Handelns liegt, welche der höchste Wirkende beobachtet, ist in
Section XXXI. gezeigt worden. Auch ist es nicht weniger
einleuchtend, dass eine bestimmte Grösse, Figur, Bewegung und
Anordnung von Theilen erforderlich ist obschon nicht absolut
zur Hervorbringung irgend einer Wirkung, doch zur Hervorbringung derselben gemäss den beständigen mechanischen Gesetzen
der Natur. So kann es z.B. nicht geleugnet werden, dass Gott
oder die höchste Intelligenz, welche den geordneten Lauf der
Dinge aufrechterhält und beherrscht, falls er ein Wunder thun
wollte, alle die Bewegungen, die über dem Zifferblatt einer Uhr
erfolgen, hervorbringen konnte, auch wenn Niemand das
Getriebe bearbeitet und eingefügt hätte; will er aber gemäss den
Gesetzen des Mechanismus bandeln, die von ihm zu weisen
Zwecken bei der Schöpfung begründet sind und aufrechterhalten
werden, so ist es nothwendig, dass jene Handlungen des Uhrma-
chers, die Anfertigung und angemessene Einrichtung des Getrie-
bes, der Hervorbringung der erwähnten Bewegungen
vorausgehen, ebenso wie auch, dass irgend welche Unregelmäs-

sigkeit in diesen Bewegungen verbunden sei mit der Wahrnehmung irgend welcher Unordnung im Getriebe, nach deren
Beseitigung alles wieder in Ordnung ist.

LXIII. Es kann in der That bei gewissen Anlässen erforderlich sein, dass der Urheber der Natur seine oberherrliche Macht
bekunde durch Hervorbringung einer Erscheinung ausserhalb der
geordneten Reihe der Dinge. Solche Ausnahmen von den allgemeinen Gesetzen der Natur sind geeignet zu überraschen und die
Menschen im ehrerbietigen Anerkennung des Daseins Gottes zu
bringen; aber dann darf von diesem Mittel nur selten Gebrauch
gemacht werden, weil andernfalls zu erwarten steht, dass es seine
Wirkung verfehle. Zudem will Gott, so scheint es, lieber unsere
Vernunft von seinen Eigenschaften durch die Werke der Natur
überzeugen, die so viele Harmonie und Kunst in ihrem Bau
bekunden und so deutlich die Weisheit und Güte ihres Urhebers
bezeugen, als uns durch Erregung von Erstaunen mittelst ausser-
ordentlicher und überraschender Ereignisse zum Glauben an sein
Dasein bringen.

LXIV. Um diesen Gegenstand in ein noch helleres Licht zu
setzen, bemerke ich, dass das, was in Section LX. eingeworfen
worden ist, in der That nur auf Folgendes hinausläuft. Ideen
werden nicht auf irgend eine beliebige Art und ordnungslos
erzeugt; es ist zwischen ihnen eine bestimmte Ordnung und
Verbindung gleich der zwischen Ursache und Wirkung; es giebt
auch verschiedene in einer sehr regelmässigen und künstlichen
Weise gebildete Ideengruppen, die wie Instrumente in der Hand
der Natur erscheinen, welche, gleichsam hinter der Scene verborgen, eine geheime Wirkung bei der Production der Erscheinungen haben, die auf dem Schauplatze der Welt gesehen
werden, während sie selbst nur dem nachspürenden Auge des

Forschers erkennbar sind. Aber da eine Idee nicht die Ursache einer andern sein kann, wozu dient denn diese Verbindung? Und da diese Instrumente als blosse unwirksame Perceptionen in dem Geiste nicht zur Hervorbringung natürlicher Wirkungen dienen, so wird gefragt, warum sie gebildet werden oder mit andern Worten, was für ein Grund angeführt werden könne, warum Gott uns bei einer sorgsamen Betrachtung seiner Werke eine so grosse Mannigfaltigkeit von so kunstvoll und so gesetzmässig mit einander verknüpften Ideen zeige, da es doch nicht glaublich sei, dass er (so zu sagen) den Aufwand aller dieser Kunst und Regelmässigkeit zwecklos mache.

LXV. Auf alles dies ist meine Antwort, erstens: dass die Verbindung der Ideen nicht das Verhältniss von Ursache und Wirkung in sich schliesst, sondern nur das Verhältniss eines Merkmals oder *Zeichens* zu dem *bezeichneten* Object. Das Feuer, welches ich sehe, ist nicht die Ursache des Schmerzes, den ich empfinde, wenn ich mich ihm nähere, sondern das Merkmal, welches mich davor warnt. In gleicher Art ist das Geräusch, das ich höre, nicht die Wirkung dieser oder jener Bewegung oder des Zusammenstosses von Körpern in unserer Umgebung, sondern nur das Zeichen davon. Zweitens: der Grund, warum Ideen zu Maschinen gestaltet sind, d.h. zu künstlichen und regelmässigen Verbindungen, ist der nämliche, wie der Grund der Verbindung von Buchstaben zu Worten. Damit einige wenige primitive Ideen dazu verwendet werden können, eine grosse Zahl von Wirkungen und Handlungen zu bezeichnen, ist erforderlich, dass sie mannigfach mit einander combinirt seien, und damit ihr Nutzen ein beständiger und allgemeiner sei, müssen diese Combinationen nach Gesetzen und planmässig gemacht werden. Auf diese Weise wird uns eine Fülle von Belehrung gegeben über das, was wir von bestimmten Handlungen zu erwarten haben und welches Verfahren jedesmal einzuhalten sei, um bestimmte Ideen hervorzurufen, und dies ist in der That alles, was ich als klaren Sinn der Aussage erkenne, dass wir durch Erkenntniss der Figur, Zusammenfügung und des Mechanismus der inneren Theile von natürlichen oder künstlichen Körpern dahin gelangen können, die verschiedenen davon abhängigen Erfolge und Eigenschaften oder die Natur des Dinges zu erkennen.

LXVI. Hieraus ist offenbar, dass die Dinge, welche unter dem Begriff einer mitwirkenden oder zur Hervorbringung von Wirkungen beitragenden Ursache gänzlich unerklärbar sind und uns in grosse Ungereimtheiten verwickeln, sehr naturgemäss sich erklären lassen und einen eigenthümlichen und naheliegenden Nutzen bekunden, wenn sie nur als Merkmale oder Zeichen, die zu unserer Belehrung dienen, betrachtet werden. Und eben darin sollte die Aufgabe des Naturforschers bestehen, diese durch den Urheber der Natur begründeten Zeichen aufzusuchen und nach dem Verständniss derselben zu streben; sie liegt nicht in der Erklärung von Vorgängen durch körperliche Ursachen, welche Lehre so sehr den Geist der Menschen von jenem activen Princip, jenem höchsten und weisen Geiste abgelenkt zu haben scheint, »in dem wir leben, weben und sind«.

LXVII. Zwölftens wird vielleicht eingewandt werden, dass, wenn schon aus dem Bisherigen klar sei, es könne so etwas, wie eine unthätige, unempfindliche, ausgedehnte, solide, gestaltete, bewegliche Substanz, die ausserhalb des Geistes existire, wie von Philosophen die Materie beschrieben werde, nicht geben, doch nicht einleuchte, dass nicht möglicherweise eine Materie existire, wenn dieses Wort so verstanden werde, dass man daraus die positiven Ideen Ausdehnung, Figur, Solidität und Bewegung

weglasse und darunter nur verstehe eine unthätige unempfindliche Substanz, die ausserhalb des Geistes oder unpercipirt existire und die Ursache unserer Ideen sei oder bei deren Gegenwart
es Gott gefalle, Ideen in uns hervorzurufen. Hierauf antworte ich
erstens: dass es nicht weniger ungereimt zu sein scheint, eine
Substanz ohne Accidentien, wie Accidentien ohne eine Substanz
vorauszusetzen. Aber zweitens: auch wenn wir zugäben, dass
diese unbekannte Substanz möglicherweise existire, so fragt sich
doch, wo sie denn etwa sein könne. Dass sie nicht im Geiste
existire, ist zugegeben, und dass sie nicht an einem Orte sei, ist
nicht minder gewiss, da alle Ausdehnung nur im Geiste existirt,
wie schon bewiesen worden ist. Es bleibt also übrig, dass sie
überhaupt nirgendwo existire.

LXVIII. Lasst uns ein wenig die Beschreibung prüfen, die
uns hier von der *Materie* gegeben wird. Diese ist weder wirkend
noch percipirend, noch wird sie percipirt; denn nur eben dies ist
gemeint, wenn gesagt wird, sie sei eine träge, unempfindliche,
unbekannte Substanz; diese Definition besteht ganz aus Negatio-
nen, nur mit Ausnahme des relativen Begriffs des Drunterstehens
oder Tragens; es muss aber dann bemerkt werden, dass die
Materie überhaupt nichts trägt, und wie nahe dies der Beschreibung eines Nichtseienden kommt, möge doch erwogen werden.
Aber, sagt ihr, sie ist die *unbekannte Veranlassung*, bei deren
Gegenwart Ideen in uns durch den Willen Gottes hervorgerufen
werden. Nun möchte ich gern wissen, wie irgend etwas uns
gegenwärtig sein könne, das weder durch sinnliche, noch durch
innere Wahrnehmung percipirbar, noch auch fähig ist, irgend eine
Idee in uns hervorzubringen, noch auch ausgedehnt ist, noch
auch irgend eine Form hat, noch auch an irgend einer Stelle existirt. Die Worte *gegenwärtig sein* müssen, wenn sie so angewandt

werden, nothwendig in irgend einem abstracten und seltsamen Sinne genommen werden, den ich nicht fähig bin zu verstehen.

LXIX. Lasst uns ferner prüfen, was unter *Veranlassung* verstanden werde. So viel ich aus dem gewöhnlichen Sprachgebrauch entnehmen kann, bezeichnet dieses Wort entweder das Wirkende, das irgend einen Erfolg hervorbringt, oder andernfalls etwas, das in dem gewöhnlichen Laufe der Dinge als den Erfolg begleitend oder demselben vorausgehend beobachtet wird. Wird aber das Wort auf die Materie, wie diese oben beschrieben worden ist, angewandt, so kann es in keiner von diesen Bedeutungen genommen werden. Denn da die Materie passiv und unthätig sein soll, so kann sie nicht etwas Wirkendes oder eine hervorbringende Ursache sein; da sie aber auch unpercipirbar ist, indem ihr alle sinnlich wahrnehmbaren Qualitäten fehlen, so kann sie nicht die Veranlassung unserer Perceptionen in dem letzteren Sinne sein, wie wenn gesagt wird, dass ich mir den Finger verbrannt habe, sei die Veranlassung des Schmerzes, den ich daran empfinde. Was kann demnach gemeint sein, wenn jene Materie eine *Veranlassung* genannt wird? Dieser Terminus wird dann entweder überhaupt in keinem Sinne gebraucht oder in einem solchen, der von seiner üblichen Bedeutung weit absteht.

LXX. Vielleicht werdet ihr sagen, die Materie werde, wenn schon nicht durch uns percipirt, doch percipirt durch Gott, für den sie die Veranlassung sei, Ideen in unsern Geistern hervorzurufen. Denn, sagt ihr, da wir beobachten, dass unsere Sinneswahrnehmungen in einer geordneten und sich gleich bleibenden Weise hervorgerufen werden, so ist es nur vernunftgemäss vorauszusetzen, dass bestimmte sich gleichbleibende und regelmässige Veranlassungen zu ihrem Hervorgebrachtwerden bestehen. Das besagt, dass es bestimmte beharrliche und von einander unterschiedene Theile der Materie gebe, die unseren Ideen entsprechen, und die, obschon sie dieselben nicht in unseren Geistern hervorrufen oder uns irgendwie unmittelbar afficiren, da sie durchaus passiv und uns unpercipirbar sind, nichtsdestoweniger für Gott, durch den sie percipirt werden, gleichsam ebensoviele Anlässe sind ihn zu erinnern, wann Ideen und was für Ideen unseren Geistern einzuprägen seien, damit so die Dinge in einer beständigen und gleichmässigen Weise geschehen.

LXXI. Zur Antwort hierauf bemerke ich, dass, wie hier der Begriff der Materie gefasst ist, die Frage nicht länger die Existenz eines von Geist und Idee, vom Percipirenden und Percipirtwerdenden verschiedenen Dinges betrifft, sondern darauf geht, ob es nicht gewisse Ideen von ich weiss nicht was für einer Art in Gottes Geiste gebe, welche eben so viele Merkmale oder Zeichen seien, die ihn dazu leiten, Sinnesempfindungen in unseren Geistern nach einer sich gleichbleibenden und regelmässigen Methode hervorzurufen, zum guten Theil in derselben Weise, wie ein Musiker durch die Musiknoten bei der Erzeugung jener harmonischen Folge und Verbindung von Tönen geleitet wird, die ein *Tonstück* genannt wird, obschon die, welche die Musik hören, die Noten nicht wahrnehmen und vielleicht gar nichts von ihnen wissen. Aber dieser Begriff der Materie scheint zu ausschweifend zu sein, um eine Widerlegung zu verdienen. Zudem bildet derselbe in der That keinen Einwurf gegen das von uns Behauptete, dass es nämlich keine empfindungslose unpercipirte *Substanz* gebe.

LXXII. Folgen wir dem Lichte der Vernunft, so werden wir aus der beständigen gleichförmigen Weise unserer Sinneswahrnehmungen auf die Güte und Weisheit des Geistes schliessen, der dieselben in uns hervorruft. Aber dies ist alles, was ich vernünftiger Weise daraus schliessen kann. Mir, sage ich, ist es einleuchtend, dass das Sein eines unendlich weisen, guten und mächtigen Geistes völlig zureichend ist, alle Erscheinungen der Natur zu erklären. Mit einer unthätigen empfindungslosen Materie aber hat nichts von dem, was ich begreife, das Mindeste zu thun, nichts leitet meine Gedanken darauf hin. Und ich möchte gern sehen, wie Jemand auch nur die geringste Naturerscheinung dadurch erkläre oder irgend einen Grund aufzeige, möge derselbe auch nur den geringsten Grad von Wahrscheinlichkeit besitzen, warum er die Existenz derselben annehme, oder dass auch nur dieser Annahme in einer irgend erträglichen Weise ein Sinn oder eine Bedeutung gegeben werde. Denn wird gesagt, jene Materie sei eine Veranlassung, so haben wir, denke ich, deutlich gezeigt, dass dieselbe für uns dies nicht ist; sie müsste also für Gott die Veranlassung sein, Ideen in uns hervorzurufen, und worauf dies hinauslaufe, hat sich uns jetzt eben gezeigt.

LXXIII. Es ist der Mühe werth, ein wenig über die Motive nachzudenken, welche die Menschen bewegen haben, die Existenz einer materiellen Substanz anzunehmen, so dass wir, nachdem wir das stufenweise Hinschwinden und den Untergang dieser Motive oder Gründe beobachtet haben, in gleichem Verhältniss die Zustimmung aufheben können, welche auf dieselben gegründet worden war. Zuerst also glaubte man, dass Farbe, Figur, Bewegung und die übrigen sinnlichen Qualitäten oder Accidentien wirklich ausserhalb des Geistes existiren, und aus diesem Grunde schien es erforderlich, ein gewisses nichtdenkendes Substrat oder eine Substanz vorauszusetzen, worin sie Existenz hätten, da sie nicht als an sich selbst existirend gedacht werden konnten. Als hernach, im Fortgange der Zeit, man sich überzeugte, dass Farben, Töne und die übrigen »secundären

Qualitäten« nicht ausserhalb des Geistes existiren, streifte man diesem Substrat oder der materiellen Substanz jene Qualitäten ab und liess ihm nur die primären übrig: Figur, Bewegung und ähnliche, von denen man immer noch annahm, dass sie ausserhalb des Geistes existirten und demgemäss eines materiellen Trägers bedürften. Da nun aber gezeigt worden ist, dass auch von diesen Eigenschaften keine anders, als in einem Geiste oder einer Seele, wodurch sie percipirt werde, existiren könne, so folgt, dass wir nicht länger irgend einen Grund haben, das Dasein einer Materie vorauszusetzen, ja dass es durchaus unmöglich ist, dass etwas Derartiges existire, so lange dieses Wort in dem Sinne genommen wird, worin es ein undenkendes Substrat von Eigenschaften oder Accidentien bezeichnet, in welchem diese ausserhalb des Geistes existiren.

LXXIV. Aber obschon es von den *Materialisten* selbst zugegeben wird, dass die Materie nur zu dem Zweck, als Trägerin von Accidentien zu dienen, angenommen werde, und obschon man erwarten dürfte, dass, da der Grund ganz wegfalle, der Geist natürlich auch, und zwar ohne irgend ein Widerstreben, den Glauben an das, was ausschliesslich auf denselben gebaut war, aufgeben werde, so ist doch das Vorurtheil so tief in unser Denken eingedrungen, dass wir uns schwer von ihm losmachen können und demgemäss geneigt sind, da die *Sache* selbst unhaltbar ist, wenigstens den *Namen* beizubehalten, den wir dann auf ich weiss nicht was für abstracte und unbestimmte Begriffe eines *Seienden* oder einer *Veranlassung* anwenden, obschon ohne irgend einen auch nur anscheinenden Grund, so viel ich wenigstens sehen kann. Denn was für einen Anhalt haben wir, oder was percipiren wir unter allen Ideen, Sinneswahrnehmungen, Begriffen welche unserm Geiste durch die Sinne oder durch Selbstbetrachtung eingeprägt sind, woraus sich die Existenz einer trägen, gedankenlosen, unpercipirten Veranlassung erschliessen liesse? Und andererseits, was kann es bei einem allgenugsamen Geiste geben, das uns glauben oder auch nur vermuthen liesse, derselbe werde durch ein träges Ding *geleitet*, das für ihn die Veranlassung sei, Ideen in unserm Geiste hervorzurufen?

LXXV. Es ist ein sehr auffälliger Beweis der Stärke des Vorurtheils und etwas sehr Beklagenswerthes, dass der Geist der Menschen trotz aller Vernunftevidenz eine so grosse Vorliebe für ein stupides gedankenloses *Etwas* behält, durch dessen Einschiebung er sich, wenn ich so sagen darf, gegen die göttliche Vorsehung decken und Gott weiter von den Angelegenheiten der Welt entfernen möchte. Aber mögen wir auch das Aeusserste thun, was wir können, um den Glauben an eine Materie zu sichern, mögen wir auch versuchen, wenn Vernunftgründe uns im Stich lassen, unsere Meinung auf die blosse Möglichkeit des Dinges zu gründen, und mögen wir dabei auch, um diese blosse Möglichkeit herauszubringen, unserer Phantasie den vollen Spielraum gestatten, den sie findet, wenn sie nicht durch die Vernunft geleitet wird, so ist doch das Endresultat nur, dass es gewisse unbekannte Ideen im Geiste Gottes gebe; denn dies, wenn überhaupt irgend etwas, ist alles, was ich als den Sinn von *Veranlassung* in Bezug auf Gott zu verstehen vermag. Und dies heisst im Grunde nicht länger für die *Sache*, sondern für den *Namen* kämpfen.

LXXVI. Ob es nun solche Ideen im Geiste Gottes gebe, und ob sie durch den Namen *Materie* zu bezeichnen seien, darüber werde ich nicht streiten. Aber wenn ihr festhaltet an dem Begriff einer undenkenden Substanz oder eines Trägers von Ausdehnung, Bewegung und anderen sinnlich wahrnehmbaren Eigenschaften, dann finde ich es offenbar unmöglich, dass ein solches Ding existire, denn es ist ein voller Widerspruch, dass jene Eigenschaften in einer nicht percipirenden Substanz existiren oder durch eine solche getragen werden.

LXXVII. Aber, sagt ihr, mag es auch zuzugeben sein dass es keinen nicht denkenden Träger von Ausdehnung und den anderen Qualitäten oder Accidentien gebe, die wir percipiren, so giebt es doch vielleicht eine gewisse träge nicht percipirende Substanz oder ein *Substrat* gewisser anderer Qualitäten, welche uns eben so unerkennbar sind, wie einem Blindgebornen die Farben, weil wir keinen auf sie eingerichteten Sinn haben. Hätten wir aber einen neuen Sinn, so würden wir dann wohl ebenso wenig an ihrer Existenz zweifeln, als ein Blinder, nachdem er sehend geworden ist, an der Existenz von Licht und Farben zweifelt. Ich antworte, erstens: wenn das, was ihr unter dem Worte Materie versteht, nur der unbekannte Träger unbekannter Qualitäten ist, so ist es gleichgültig, ob ein solches Ding existirt oder nicht, da es uns nichts angeht, und ich sehe nicht, welchen Nutzen eine Disputation über etwas, wovon wir nicht wissen, was, noch warum es sei, gewähren könne.

LXXVIII. Zweitens aber, hätten wir einen neuen Sinn, so könnte derselbe uns nur mit neuen Ideen oder Sinnesempfindungen versehen, und wir hätten dann den nämlichen Grund gegen ihre Existenz in einer nicht percipirenden Substanz, der bereits in Betreff der Gestalt, Bewegung, Farbe etc. vorgebracht worden ist. Qualitäten sind, wie gezeigt worden ist, nichts anderes, als *Sinneswahrnehmungen* oder *Ideen*, welche nur in einem *Geiste* existiren, der sie percipirt, und dies gilt nicht nur von den Ideen, die wir zur Zeit besitzen, sondern gleichermassen von allen möglichen Ideen, von welcher Art auch immer dieselben sein mögen.

LXXIX. Doch werdet ihr behaupten, wenn sich auch der Glaube an die Existenz der Materie auf keinen Grundstützen, wenn sich auch kein Zweck der Materie angeben und nichts durch sie erklären lasse, wenn selbst sich nicht der Sinn dieses Wortes begreifen lasse, so sei es doch kein Widerspruch, zu sagen, dass Materie existire und dass diese Materie eine Substanz im Allgemeinen oder eine Veranlassung von Ideen sei, obschon in der That der Fortgang zur Entwickelung dieser Meinung oder die Zustimmung zu irgend einer besonderen Erklärung jener Worte mit grossen Schwierigkeiten verbunden sein möge. Ich antworte: wenn Worte ohne Sinn gebraucht werden, dann könnt ihr dieselben nach Belieben zusammenstellen, ohne Gefahr, in einen Widerspruch zu verfallen. Ihr dürft z.B. sagen, dass zweimal zwei gleich sieben sei, so lange ihr erklärt, dass ihr nicht die Worte dieses Satzes in ihrem üblichen Sinne nehmt, sondern als Zeichen für etwas, wovon ihr nicht wisst, was es sei. In derselben Art dürft ihr sagen, es gebe eine träge gedankenlose Substanz ohne Accidentien, welche die Veranlassung zu unseren Ideen sei. Wir werden durch den einen Satz gerade eben so sehr belehrt werden, wie durch den andern.

LXXX. Zuletzt werdet ihr sagen: wie aber, wenn wir die Behauptung, es existire eine materielle Substanz, aufgeben, und unter der Materie ein unbekanntes Etwas verstehen, das weder Substanz, noch Accidens, weder Geist noch Idee, trägt, gedankenlos, untheilbar, unbeweglich, unausgedehnt ist und an keinem Orte existirt? Denn, sagt ihr, was auch immer gegen *Substanz* oder *Veranlassung* oder irgend einen andern positiven oder Relationsbegriff von Materie eingewandt werden mag, findet gar keine Anwendung mehr, so lange diese negative Definition der Materie festgehalten wird. Ich antworte: ihr mögt, wenn euch das gut dünkt, das Wort *Materie* in dem nämlichen Sinne gebrauchen, worin Andere das Wort *Nichts* gebrauchen, so dass beide Worte nach eurer Redeweise miteinander vertauscht werden können. Denn dies scheint mir, nach allem, das Ergebniss dieser Definition zu sein; wenn ich mit Aufmerksamkeit die Theile derselben insgesammt oder einzeln betrachte, so finde ich nicht, dass dadurch irgend eine Wirkung auf meinen Geist geübt würde, die verschieden wäre von der, welche das Wort *Nichts* hervorruft.

LXXXI. Vielleicht werdet ihr entgegnen, es liege in der vorstehenden Definition etwas, was einen ausreichenden Unterschied von dem Nichts begründe, nämlich die positive abstracte Idee der Wesenheit, des Seins oder der Existenz. In der That, ich erkenne an, dass die, welche sich die Fähigkeit zuschreiben, abstracte allgemeine Ideen zu bilden, so reden, als hätten sie eine solche Idee, welche, wie sie sagen, der abstracteste und allgemeinste von allen Begriffen ist, d.h. für mich der unbegreiflichste von allen. Ich sehe keinen Grund zu leugnen, dass es eine grosse Mannigfaltigkeit von Geistern verschiedenen Ranges und verschiedener Befähigung gebe, die eine weit grössere Zahl von Kräften und weit umfassendere Kräfte besitzen, als die, welche der Urheber meines Seins mir verliehen hat und wollte ich mich anheischig machen, nach meinen eigenen geringen, eingeschränkten, nicht weit reichenden Perceptionsweisen zu bestimmen, was für Ideen die unerschöpfliche Macht des höchsten Geistes ihnen einpräge, so wäre dies gewiss die äusserste Thorheit und Anmaassung. Denn es kann, so weit ich darüber zu urtheilen vermag, unzählige Arten von Ideen oder Sinnesempfindungen geben, die eben so verschieden von einander und von allem, was ich percipirt habe, sind, wie Farben von Tönen. Wie sehr ich aber auch bereit bin, die Beschränktheit meiner Erkenntnisskraft in Betracht der endlosen Mannigfaltigkeit von Geistern und Ideen, welche möglicherweise existiren, anzuerkennen, so ist es doch, vermuthe ich, ein völliger Widerspruch, dass irgend einer dieser Geister einen Begriff eines Seins oder einer Existenz haben könne, wobei von Geist und Idee, Percipiren und Percipirt-werden abstrahirt wäre. – Nun bleibt uns noch übrig, die Einwürfe zu erwägen, welche möglicherweise im Namen der Religion erhoben werden.

LXXXII. Es giebt Personen, welche dafür halten, dass, wenn schon zugegeben werden müsse, die aus der Vernunft entnommenen Argumente für die wirkliche Existenz von Körpern seien nicht beweiskräftig, doch die heilige Schrift über diesen Punkt so klar sei, dass dies zureiche, jeden guten Christen davon zu überzeugen, dass Körper in Wirklichkeit existiren und etwas mehr seien, als blosse Ideen, da ja in der Bibel unzählige Thatsachen erzählt werden, welche offenbar die Realität von Holz und Stein, Bergen und Flüssen, Städten und menschlichen Leibern voraussetzen. Hierauf antworte ich: dass keine Art von Schriften, seien es heilige oder profane, welche diese und derartige Worte in ihrer gewöhnlichen Bedeutung gebrauchen oder doch so, dass ein Sinn darin liege, in die Gefahr komme, dass ihre Wahrheit durch unsere Lehre in Frage gestellt werde. Dass alle jene Dinge wirklich existiren, dass es Körper gebe, selbst körperliche Substanzen, falls dieses Wort im vulgären Sinne gebraucht wird, stimmt, wie bewiesen worden ist, mit unseren Principien zusammen, und der Unterschied zwischen *Dingen* und *Ideen, Realitäten* und *Chimären* ist deutlich erklärt worden (Sect. XXIX. XXX. XXXIII. XXXVI. etc.). Und ich denke, dass weder das, was die

82

Philosophen Materie nennen, noch die Existenz von Objecten ausserhalb des Geistes irgendwo in der Schrift erwähnt wird.

LXXXIII. Ferner, mag es, äussere Dinge geben oder nicht, so wird doch allseitig anerkannt, dass der eigentliche Zweck der Worte darin besteht, unsere Begriffe zu bezeichnen, oder die Dinge nur so zu bezeichnen, wie sie uns bekannt und von uns aufgefasst seien. Hieraus folgt offenbar, dass in den oben dargelegten Sätzen nichts ist, was mit dem richtigen Gebrauch und der Bedeutung der *Sprache* nicht zusammen bestände und dass jede Ausdrucksweise, von welcher Art sie auch sei, sofern sie einen verständlichen Sinn hat, unangegriffen bleibt. Jedoch dies alles scheint nach dem, was früher schon auseinandergesetzt worden ist, so handgreiflich zu sein, dass es nicht nöthig ist, länger dabei zu verweilen.

LXXXIV. Doch es wird eingewandt werden, dass die *Wunder* zum mindesten viel von ihrer Wichtigkeit und Bedeutung durch unsere Principien verlieren. Was müssen wir von Mose's Stabe denken, wurde derselbe nicht *wirklich* in eine Schlange verwandelt, und fand nur ein Wechsel von Ideen in den Geistern der Zuschauer statt? Und darf man annehmen, dass unser Erlöser auf der Hochzeit zu Kana nicht mehr that, als auf Gesicht, Geruch und Geschmack der Gäste so einwirken, dass er in ihnen die Erscheinung oder Idee *Wein* erschuf? Das Nämliche kann von allen andern Wundern gesagt werden, die, den vorstehenden Principien zufolge, als ebenso viele Täuschungen oder Illusionen der Phantasie angesehen werden müssen. Hierauf antworte ich, dass der Stab in eine wirkliche Schlange und das Wasser in wirklichen Wein verwandelt wurde. Dass dies nicht im Mindesten dem, was ich anderswo gesagt habe, widerstreite, wird aus Section XXXIV und XXXV einleuchten. Aber dies, wie es um *reell* und *imaginär* stehe, ist schon so deutlich und vollständig erklärt, es ist so oft darauf Bezug genommen worden, und die aufgeworfenen Zweifel lassen sich so leicht lösen, dass es den Verstand des Lesers beleidigen hiesse, wenn an dieser Stelle die Erklärung auf's Neue vorgebracht werden sollte. Ich will nur bemerken, dass, wenn bei Tisch alle Anwesenden Wein sehen und riechen und schmecken und trinken, und die Wirkungen desselben vorfinden, nach mir kein Zweifel an der Realität desselben bestehen kann, so dass im Grunde der die Realität der Wunder betreffende Zweifel nicht unsere, sondern nur die herrschenden Principien betrifft und folglich eher für als gegen das Gesagte spricht.

LXXXV. Nachdem wir mit den Einwürfen uns abgefunden haben, die ich in das hellste Licht zu stellen und denen ich alle mögliche Kraft und Stärke zu geben versuchte, gehen wir nun zunächst dazu fort, einen Blick auf die Consequenzen unserer Sätze zu werfen. Einige von diesen springen sofort in die Augen. Mehrere schwierige und dunkle Probleme, an welche ein Uebermaass von Speculation verschwendet worden ist, werden gänzlich aus der Philosophie verbannt. Kann eine körperliche Substanz empfinden? Ist die Materie in's Unendliche theilbar? Und wie wirkt sie auf den Geist? Mit diesen und ähnlichen Untersuchungen haben sich Philosophen zu allen Zeiten unablässig unterhalten. Da dieselben aber durch die Existenz der Materie bedingt sind, so können sie nach unseren Principien nicht mehr stattfinden. Es giebt sowohl in Betracht der Religion, als der Wissenschaften noch manche andere Vortheile, die leicht ein Jeder aus dem Vorstellenden entnehmen kann. Doch dies wird in dem Folgenden deutlicher werden.

LXXXVI. Aus den vorgetragenen Principien folgt, dass die menschliche Erkenntniss naturgemäss in zwei Hauptklassen eingetheilt werden kann, nämlich in die Erkenntniss von Ideen und die von Geistern. Von einer jeden derselben werde ich ordnungsgemäss handeln. Was zuerst die *Ideen* oder undenkenden Dinge betrifft, so ist unsere Erkenntniss derselben sehr verdunkelt und verwirrt und wir sind zu sehr gefährlichen Irrthümern verleitet worden durch die Voraussetzung einer zweifachen Existenz der Sinnesobjecte, einer *intelligibeln* in dem Geiste und einer *realen* ausserhalb des Geistes, wobei angenommen wurde, dass undenkende Dinge eine natürliche Existenz an sich selbst hätten, die verschieden wäre von ihrem Percipirtwerden durch Geister. Dies, was, wenn ich mich nicht ganz täusche, als eine durchaus grundlose und ungereimte Vorstellung erwiesen worden ist, ist der gerade Weg zum Scepticismus; denn so lange man dafür hielt, dass reale Dinge ausserhalb des Geistes existiren, und dass der Erkenntniss derselben nur in so weit *Realität* zukomme, als sie *realen Dingen* conform sei, musste folgen, dass es uns nicht gewiss sein könne, dass wir irgend eine reale Erkenntniss überhaupt besitzen. Denn wie kann erkannt werden, dass die Dinge, welche percipirt werden, jenen andern conform seien, welche nicht percipirt werden oder ausserhalb des Geistes existiren.

LXXXVII. Farbe, Gestalt, Bewegung, Ausdehnung etc. sind, sofern wir sie nur als eben so viele sinnliche Wahrnehmungen in dem Geiste betrachten, vollkommen bekannt, da nichts in ihnen ist, was nicht percipirt würde. Werden sie aber als Merkmale oder Bilder betrachtet, die in Beziehung stehen zu Dingen oder Urbildern, welche ausserhalb des Geistes existiren, dann verfallen wir Alle in Scepticismus. Wir sehen nur die Erscheinungsweisen und nicht die realen Qualitäten der Dinge. Was

Ausdehnung, Figur oder Bewegung irgend eines Dinges wirklich und absolut oder an sich seien, ist uns unmöglich zu erkennen; wir erkennen nur das Verhältniss oder die Beziehung, worin sie zu unseren Sinnen stehen. Während die Dinge unverändert bleiben, wechseln unsere Ideen, und welche von diesen die wirklich in dem Dinge existirende wahre Qualität repräsentiren, oder ob irgend welche derselben überhaupt diese repräsentiren, ist eine uns nicht erreichbare Erkenntniss, so dass, so weit wir darüber zu urtheilen vermögen, alles, was wir sehen, hören und fühlen, ein blosses Phantom und eine eitle Chimäre sein und nicht im mindesten mit den wirklichen Dingen, welche *in rerum natura* existiren, übereinstimmen mag. Alle diese Anzweifelung folgt aus der Voraussetzung, dass ein unterschied zwischen Dingen und Ideen bestehe, und dass die ersteren ein Bestehen ausserhalb des Geistes oder unwahrgenommen haben. Es wäre leicht, ausführlich über dieses Thema zu handeln und zu zeigen, wie die von den Sceptikern zu allen Zeiten vorgebrachten Argumente von der Voraussetzung äusserer Objecte abhangen.

LXXXVIII. So lange wir undenkenden Dingen eine wirkliche Existenz zuschreiben, welche von ihrem Percipirtwerden verschieden sei, ist es uns nicht bloss unmöglich, mit Evidenz die Natur irgend eines wirklichen undenkenden Dinges zu erkennen, sondern auch nur dies, dass ein solches existire. Daher geschieht es, dass wir gewisse Philosophen ihren Sinnen misstrauen und an der Existenz von Himmel und Erde, von jeglichem Ding, das sie sehen und fühlen, selbst von ihrem eigenen Körper zweifeln sehen. Und nach all' ihrer mühvollen Gedankenarbeit sind sie genöthigt einzugestehen, dass wir gar keine an sich selbst evidente oder durch einen Beweis gesicherte Erkenntniss von der Existenz sinnlicher Dinge zu erlangen vermögen. Aber alle diese

Ungewissheit, die so sehr den Geist irre führt und verwirrt und die *Philosophie* lächerlich macht in den Augen der Welt, verschwindet, wenn wir einen Sinn mit unseren Worten verknüpfen und uns nicht selbst durch die Termini *absolut, äusserlich, existiren* und ähnliche täuschen, welche etwas bezeichnen, wovon wir nicht wissen, was es ist. Ich kann ebensowohl an meinem eigenen Sein zweifeln, wie an dem Sein jener Dinge, die ich thatsächlich durch den Sinn wahrnehme, da es ein offenbarer Widerspruch wäre, dass irgend ein sinnliches Ding unmittelbar durch das Gesicht oder Getast wahrgenommen werde und doch gleichzeitig keine wirkliche Existenz habe, da die wirkliche Existenz eines undenkenden Dinges gerade in seinem *Percipirtwerden* besteht.

LXXXIX. Nichts scheint von grösserer Wichtigkeit zur Begründung eines festen Systems gesunder und echter Erkenntniss zu sein, die probehaltig gegenüber den Angriffen des Scepticismus befunden werde, als das Ausgehen von einer bestimmten Erklärung, was verstanden werde unter *Ding, Realität, Existenz*, denn vergeblich werden wir über die reelle Existenz von Dingen disputiren oder irgend etwas darüber zu wissen behaupten, so lange wir nicht den Sinn dieser Worte festgestellt haben. *Ding* oder *Seiendes* ist der allgemeinste aller Samen; darunter fallen zwei völlig von einander verschiedene und heterogene Klassen, welche nichts mit einander gemein haben, nämlich *Geister* und *Ideen*. Die ersteren sind thätige, untheilbare Substanzen, die andere träge, vergängliche, abhängige Dinge, die nicht an sich existiren, sondern getragen sind von oder existiren in Geistern oder spirituellen Substanzen. Wir erkennen unsere eigene Existenz durch ein inneres Wahrnehmen (einen inneren Sinn) oder »Reflection« und die Existenz anderer

Geister durch Schliessen. Man darf sagen, dass wir in einem gewissen Sinn eine Kenntniss oder Vorstellung von unserm eigenen Gemüthe, von Geistern und activen Dingen haben, wovon wir nicht Ideen im strengen Sinne besitzen. In gleicher Art kennen wir Beziehungen zwischen Dingen oder Ideen und haben eine Vorstellung von diesen Beziehungen, welche von den auf einander bezogenen Dingen oder Ideen verschieden sind, sofern die letzteren von uns percipirt werden können, ohne dass wir die ersteren percipiren. Mir scheint, dass Ideen, Geister und Beziehungen in allen ihren Arten den Gegenstand der menschlichen Erkenntniss und das, wovon geredet wird, ausmachen, und dass der Ausdruck Idee nur uneigentlich in einem so weiten Sinne gebraucht werden könne, dass er zur Bezeichnung von allem diene, was wir erkennen, oder wovon wir irgend eine Vorstellung (notion) haben.

XC. Ideen, welche den Sinnen eingeprägt sind, sind wirkliche Dinge oder existiren wirklich; dies leugnen wir nicht; aber wir leugnen, dass sie ausserhalb der Geister, welche sie percipiren, selbständig bestehen, oder dass sie Abbilder von Urbildern seien, welche ausserhalb des Geistes existiren, da das wirkliche Sein einer Sinneswahrnehmung oder Idee in ihrem Percipirtwerden besteht und eine Idee nur einer Idee ähnlich sein kann. Ferner mögen die durch die Sinne percipirten Dinge *äussere* genannt werden mit Rücksicht auf ihren Ursprung, sofern sie nicht von innen her, durch den Geist selbst, erzeugt, sondern durch einen Geist, der von dem sie percipirenden verschieden ist, diesem eingeprägt werden. Ebenso mögen sinnlich wahrnehmbare Objecte noch in einem andern Sinne ausserhalb des Geistes befindlich genannt werden, nämlich, wenn sie in irgend einem andern Geiste existiren. So können, wenn ich meine Augen schliesse, die Dinge, welche ich sah, noch existiren, aber sie müssen dann in einem andern Geiste existiren.

XCI. Es wäre ein Missverständniss, wenn man annähme, das hier Gesagte thue im Mindesten der Realität der Dinge Eintrag. Nach der herrschenden Doctrin wird anerkannt, dass Ausdehnung, Bewegung, mit Einem Wort, alle sinnlichen Qualitäten eines Trägers bedürfen, da sie nicht für sich selbst subsistiren können. Dass aber die sinnlich percipirten Objecte nur Combinationen von solchen Qualitäten seien und demgemäss nicht für sich subsistiren können, wird zugegeben. In so weit stimmen Alle miteinander überein. Wenn wir also negiren, dass die sinnlich percipirten Dinge eine von einer Substanz oder einem Träger, worin sie existiren, unabhängige Existenz haben, so entziehen wir nichts der herrschenden Annahme ihrer *Realität* und machen uns in *diesem* Betracht keiner Neuerung schuldig. Die ganze Differenz liegt darin, dass nach uns die undenkenden sinnlich percipirten Dinge keine von ihrem Percipirtwerden verschiedene Existenz haben, und dass sie demgemäss in keiner andern Substanz existiren können, als in jenen unausgedehnten untheilbaren Substanzen oder *Geistern*, welche handeln und denken und sie percipiren, wogegen die Philosophen in der Regel annehmen, dass die sensiblen Qualitäten in einer trägen, ausgedehnten, nicht percipirenden Substanz, welche sie *Materie* nennen, existiren, in einer Substanz, der sie eine natürliche selbständige Existenz ausserhalb aller denkenden Wesen zuschreiben, welche verschieden sei von dem Percipirtwerden durch einen Geist, welcher es auch sein möge, selbst durch den ewigen Geist des Schöpfers, in dem sie nur Ideen der von ihm geschaffenen körperlichen Substanzen voraussetzen, wenn anders sie überhaupt das Geschaffensein dieser Substanzen zugeben.

XCII. Denn wie wir gezeigt haben, dass die Lehre von der Materie oder körperlichen Substanz die Hauptstütze und Säule des Scepticismus gewesen ist, ebenso sind auch aus dem nämlichen Grunde alle jene unfrommen Systeme des Atheismus und der Religionsverwerfung hervorgegangen. Ja, es ist als so schwierig erschienen zu begreifen, dass Materie aus Nichts geschaffen sei, dass selbst die berühmtesten derjenigen alten Philosophen, die das Sein eines Gottes annahmen, die Materie für ungeschaffen und gleich ewig mit ihm gehalten haben. Wie sehr die materielle Substanz den Atheisten aller Zeiten werth gewesen ist, bedarf nicht der Erwähnung. Alle ihre monströsen Systeme stehen in einer so offenbaren und nothwendigen Abhängigkeit von ihr, dass, ist dieser Eckstein einmal weggenommen, das ganze Gebäude nothwendig zusammenstürzen muss, so sehr, dass sich nicht länger der Zeitaufwand lohnen wird, eine besondere Betrachtung auf die Absurditäten einer jeden nichtswürdigen Secte von Atheisten zu richten.

XCIII. Dass unfromme und weltlich gesinnte Personen leicht auf solche Systeme fallen, welche ihre Neigungen begünstigen, indem sie die Annahme einer immateriellen Substanz verspotten und voraussetzen, die Seele sei theilbar und dem Untergang ebensowohl, wie der Körper unterworfen, Systeme, die alle Freiheit, Intelligenz und Absicht aus der Bildung der Dinge ausschliessen und statt dessen eine von selbst existirende, stupide, nicht denkende Substanz Zur Wurzel und zum Ursprung aller Dinge machen, dass sie auf solche horchen, die eine Vorsehung oder Aufsicht eines höheren Geistes auf die Dinge der Welt leugnen und die ganze Reibe der Ereignisse entweder einem blinden Zufall oder einer verhängnissvollen Nothwendigkeit zuschreiben, die aus der Einwirkung der Körper aufeinander entspringe, – das alles ist sehr natürlich. Und wenn andererseits Männer von besseren Principien bemerken, dass die Feinde der Religion ein so grosses Gewicht auf eine nicht denkende Materie legen, und dass sie alle so viele Mühe und Kunst aufwenden, alles auf dieselbe zu reduciren, so sollte ich denken, jene müssten sich freuen, ihre Gegner ihres mächtigen Halts beraubt und aus jener einzigen Festung vertrieben zu sehen, ausserhalb welcher die Epikureer, Hobbisten und ähnlich Denkende auch nicht einmal den Schatten eines Vorwands haben, sondern über sie auf's Einfachste und Leichteste der Sieg errungen wird.

XCIV. Die Existenz einer Materie oder unwahrgenommener Körper ist nicht nur die Hauptstütze der Atheisten und Fatalisten gewesen, sondern auf dem nämlichen Princip ruht ebenso auch der Götzendienst in allen seinen mannigfachen Formen. Möchten die Menschen nur erwägen, dass Sonne, Mond und Sterne und alle anderen Sinnesobjecte nur eben so viele Wahrnehmungen in ihren Geistern seien, die keine andere Existenz als ihr blosses Percipirtwerden haben, so würden sie gewiss nicht niederfallen und ihre eigenen *Ideen* anbeten, sondern vielmehr ihre Huldigung jenem *ewigen unsichtbaren Geiste* darbringen, der alle Dinge hervorbringt und erhält.

XCV. Das nämliche ungereimte Princip hat, indem er sich mit den Artikeln unsers Glaubens mischte, Christen nicht geringe Schwierigkeiten verursacht. Wie viele Zweifel und Einwürfe sind nicht z.B. in Betreff der Wiederauferstehung von Socinianern und Anderen erhoben worden! Aber hangen nicht die plausibelsten derselben von der Voraussetzung ab, dass ein Körper der *nämliche* genannt werde nicht in Betracht seiner Form oder dessen, was durch die Sinne percipirt wird, sondern der materiellen Substanz, welche unter mancherlei Formen die nämliche bleibe? Wird diese materielle Substanz hinweggenommen, um deren Identität der ganze Streit sich dreht, und wird unter *Körper* verstanden, was jede schlichte gewöhnliche Person unter diesem Worte versteht, nämlich das unmittelbar Gesehene und Gefühlte, was nur eine Verbindung von sinnlichen Eigenschaften ist, so reduciren sich jene unbeantwortbaren Einwürfe auf nichts.

XCVI. Ist einmal die Materie aus der Natur ausgetrieben, so nimmt sie mit sich fort so manche skeptische und unfromme Vorstellungen, solch' eine unglaubliche Zahl von Streitigkeiten und verwirrenden Fragen, die sowohl für Theologen als Philosophen Dornen gewesen sind und den Menschen so viele fruchtlose Arbeit gemacht haben, dass, wenn die Gründe, die wir dagegen aufgestellt haben, nicht beweiskräftig gefunden werden (was sie meines Erachtens doch offenbar sind), ich doch dessen gewiss bin, dass alle Freunde der Erkenntniss, des Friedens und der Religion Grund haben zu wünschen, sie wären es.

XCVII. Neben der vermeintlichen äusseren Existenz der Sinnesobjecte ist eine andere reiche Quelle von Irrthümern und Schwierigkeiten in Betreff der Ideenerkenntniss die Lehre von *abstracten Ideen*, wie dieselbe in der Einleitung auseinandergesetzt worden ist. Die einfachsten Dinge von der Welt, mit denen wir auf's Genaueste vertraut sind, und die wir vollkommen kennen, erscheinen, wenn sie in einer abstracten Weise betrachtet werden, auf eine seltsame Art schwierig und unbegreiflich. Zeit, Raum und Bewegung sind, wenn sie im Einzelnen oder concret genommen werden, einem Jeden bekannt; sind sie aber durch den Kopf eines Metaphysikers gegangen, so werden sie zu abstract und fein, um von Menschen mit gewöhnlicher Auffassungskraft verstanden zu werden. Sagt euerm Diener, er solle euch zu einer gewissen Zeit an einem gewissen Orte erwarten, so wird er sich nicht mit einer Ueberlegung aufhalten, was mit diesen Worten gemeint sei; er findet nicht die mindeste Schwierigkeit darin, sich die einzelne Zeit und den Ort vorzustellen oder die Bewegung, durch welche er sich dorthin zu begeben hat. Wird aber *Zeit* mit Ausschluss aller jener einzelnen Handlungen und Ideen, die Abwechselung in den Tag bringen, bloss als Fortsetzung der Existenz oder Dauer in abstracte genommen, dann wird es vielleicht auch einem Philosophen Mühe machen den Sinn zu erfassen.

XCVIII. Jedesmal, wenn ich versucht habe, eine einfache, von der Ideenfolge in meinem Geist abstrahirte Idee der *Zeit* zu bilden, die gleichmässig verfliesse, und an der alle Dinge Theil haben, habe ich mich in unauflösbare Schwierigkeiten verwickelt und verloren. Ich habe überhaupt keinen Begriff von ihr, und höre nur Andere sagen, sie sei in's unendliche theilbar, und so über sie reden, dass ich zu wunderlichen Gedanken über meine Existenz veranlasst werde, da diese Lehre ihrem Bekenner durchaus die Nothwendigkeit auferlegt zu denken, entweder, dass er unzählige Zeitalter hindurch ohne einen Gedanken fortdauere, oder andererseits, dass er in einem jeden Augenblick seines Lebens vernichtet werde, was doch beides gleich ungereimt zu sein scheint. Da also die Zeit nichts ist, wenn wir absehen von der Ideenfolge in unserm Geist, so folgt, dass die Dauer eines endlichen Geistes nach der Zahl der Ideen oder der Handlungen abgeschätzt werden muss, die einander in eben diesem Geiste oder Gemüthe folgen. Hieraus ist eine offenbare Consequenz, dass die Seele immer denkt, und in der That wird ein Jeder, der in seinen Gedanken oder durch Abstraction die Existenz eines Geistes von dessen Denken abzusondern unternimmt, den Versuch, wie ich glaube, nicht leicht finden.

XCIX. Ebenso verlieren wir, wenn wir versuchen, Ausdehnung und Bewegung von allen andern Eigenschaften abzulösen und für sich zu betrachten, dieselben aus dem Gesicht und verfallen in sehr ausschweifende Meinungen, was die Folge einer zweifachen Abstraction ist, indem erstens vorausgesetzt wird, dass z.B. die Ausdehnung sich von allen anderen sinnlichen Eigenschaften abtrennen lasse, und zweitens, dass das Sein (die Entität) der Ausdehnung sich von ihrem Percipirtwerden durch Abstraction sondern lasse. Aber ein Jeder, der nachdenken und Sorge tragen will zu verstehen, was er sagt, wird, wenn ich nicht irre, anerkennen, dass alle sinnlichen Qualitäten gleichermaassen *Sinnesempfindungen* und alle gleichermaassen *real* sind, dass, wo Ausdehnung ist, auch Farbe ist, d.h. in seinem Geiste, und dass ihre Urbilder nur in einem andern *Geiste* existiren können, und dass die sinnlich wahrnehmbaren Dinge nichts anderes als verbundene, gemischte oder (wenn man so sagen darf) zusammengewachsene (concrete) Sinnesempfindungen sind, von welchen allen keiner eine unpercipirte Existenz zugeschrieben werden darf.

C. Was es heisse, Jemand sei glücklich, oder ein Object sei gut, mag ein Jeder zu wissen glauben. Aber auf die Bildung einer abstracten Idee von *Glück*, die von aller einzelnen Lust abgelöst wäre, oder von Güte, die von jeglichem Ding, das gut ist, abgesondert wäre, können Wenige Anspruch machen. Ebenso kann Jemand gerecht und tugendhaft sein, ohne genaue Ideen von *Gerechtigkeit* und *Tugend* zu besitzen. Die Meinung, dass diese und ähnliche Worte für allgemeine Begriffe stehen, welche von allen einzelnen Personen und Handlungen abstrahirt seien, scheint die Sittenlehre schwierig und das Studium derselben für die Menschen minder nützlich gemacht zu haben. Und in der

That hat die Lehre von der Abstraction nicht wenig dazu beigetragen, den nützlichsten Theil der Wissenschaft zu schädigen.

CI. Die beiden grossen Abtheilungen theoretischer Wissenschaft, die auf sinnlich gegebene Ideen und deren Relationen gehen, sind *Naturbetrachtung* (natural philosophy) und *Mathematik*. In Bezug auf jede derselben will ich Einiges bemerken, und zwar zuerst in Bezug auf die Naturbetrachtung. Auf diesem Gebiete triumphiren die Skeptiker. Der ganze Vorrath von Argumenten, welche sie vorbringen, um unsere Fähigkeiten herabzusetzen und die Menschen als unwissend und schwach erscheinen zu lassen, ist besonders aus der Grundannahme geflossen, dass wir in Betreff der wahren und wirklichen Natur der Dinge von einer unbesiegbaren Blindheit seien. Dies urgiren sie und lieben es sich darüber zu verbreiten. Wir werden, sagen sie, auf eine klägliche Weise von unseren Sinnen irre geführt und getäuscht mit der blossen Aussenseite und Erscheinung der Dinge. Das wirkliche Wesen, die inneren Eigenschaften, und die Einrichtung eines jeden, auch des geringsten Objects ist unserm Blick verborgen; es ist etwas in jedem Wassertropfen, in jedem Sandkorn, das zu ergründen oder zu begreifen die Kraft des menschlichen Verstandes übersteigt. Es ist aber aus dem Nachgewiesenen offenbar, dass all diese Klage grundlos ist, und dass wir nur unter dem Einfluss falscher Principien zu dem Grade des Misstrauens gegen unsere Sinne gelangen, dass wir glauben, wir wüssten nichts von den Dingen, die wir vollkommen begreifen.

CII. Uns selbst als unwissend über die Natur der Dinge zu bekennen, dazu liegt eine grosse Verleitung in der herrschenden Meinung, dass jegliches Ding in sich die Ursache seiner Eigenschaften trage, oder dass in einem jeden Dinge ein inneres Wesen sei, welches die Quelle seiner unterscheidbaren Eigenschaften bilde, und wovon diese abhängig seien. Einige haben sich anheischig gemacht, Rechenschaft von den Erscheinungen durch verborgene Qualitäten zu geben, die aber neulich (in jüngster Zeit) meistens in mechanische Ursachen aufgelöst worden sind, d.h. in Figur, Bewegung, Gewicht und derartige Qualitäten unwahrnehmbarer Theilchen, während doch in Wahrheit es keine andere thätige oder wirkende Ursache giebt, als *Geist*, da es offenbar ist, dass Bewegung ebensowohl, wie alle anderen *Ideen*, durchaus träg ist (s. Section XXV). Daher muss der Versuch, die Hervorbringung von Farben oder Tönen durch Figur, Bewegung, Grösse und Aehnliches zu erklären, nothwendigerweise eine vergebliche Arbeit sein. Und demgemäss sehen wir, dass die hierauf abzielenden Versuche durchaus nicht befriedigen. Dies mag im Allgemeinen über jene Bezeichnung einer Idee oder Eigenschaft als der Ursache einer andern gesagt sein. Ich brauche nicht zu sagen, wie viele Hypothesen und Speculationen durch diese Lehre wegfallen, und wie sehr das Naturstudium durch dieselbe vereinfacht wird.

CIII. Das grosse mechanische Princip, welches jetzt in Ansehen steht, ist die *Attraction*. – Dass ein Stein zur Erde fällt oder die See zum Monde hin anschwillt, mag Einigen hierdurch zureichend erklärt zu sein scheinen. Aber wie sind wir denn aufgeklärt, wenn uns gesagt wird, dies geschehe durch Anziehung? Zeigt dieses Wort die Weise des Strebens an, und bedeutet es, dass die Annäherung durch einen gegenseitigen Zug der Körper erfolge, und nicht dadurch, dass sie zu einander hingestossen oder gedrängt werden? Aber es ist nichts über die Weise oder Thätigkeit festgestellt, und diese kann vielleicht (so viel wir wissen) mit gleicher Wahrheit als *Impuls* oder *Fortstossung*, wie als *Anziehung* bezeichnet werden. Ferner sehen wir, dass die

Theile des Stahls fest an einander haften, und auch dies wird durch die Attraction erklärt; aber in diesem Falle, wie in den übrigen, finde ich nicht, dass irgend etwas Weiteres, als der Erfolg selbst bezeichnet sei; die Art und Weise der Thätigkeit, wodurch derselbe hervorgebracht wird, oder die Ursache, welche ihn hervorbringt, wird dadurch auch nicht einmal muthmasslich bestimmt.

CIV. In der That können wir, wenn wir einen Blick auf die verschiedenen Phänomene werfen und sie miteinander vergleichen, einige Aehnlichkeit und Uebereinstimmung zwischen ihnen finden. Z.B. in dem Fall eines Steines auf den Boden, in der Erhebung der See gegen den Mond hin, in der Cohäsion und Krystallisation ist etwas Aehnliches, nämlich eine Vereinigung oder gegenseitige Annäherung von Körpern, so dass eine jede von diesen oder den ähnlichen Erscheinungen demjenigen nicht befremdlich oder überraschend sein mag, der genau die Natur-wirkungen beobachtet und miteinander verglichen hat; denn dafür wird nur dasjenige gehalten, was ungewöhnlich oder ein für sich dastehendes und ausserhalb des gewöhnlichen Verlaufs unserer Beobachtung liegendes Ding ist. Dass Körper zum Mittelpunkte der Erde hin streben, wird nicht für etwas Selt-sames gehalten, weil es etwas ist, das wir in einem jeden Augen-blick unseres Lebens beobachten. Dass sie aber eine gleiche Gravitation zum Mondmittelpunkte hin haben, wird den meisten Menschen als wunderlich und unerklärbar erscheinen, weil es nur bei der Ebbe und Fluth beobachtet wird. Aber ein Naturforscher, dessen Gedanken einen grösseren Kreis von Naturvorgängen umfassen, hat eine gewisse Aehnlichkeit unter himmlischen und irdischen Erscheinungen beobachtet, welche bekundet, dass unzählige Körper eine Tendenz haben, sich einander zu nähern;

diese bezeichnet er durch den allgemeinen Namen *Attraction* und glaubt nun, dass von allem, was daraus zurückgeführt werden kann, eine genügende Rechenschaft gegeben sei. So erklärt er die Ebbe und Fluth durch das Angezogenwerden der Erdkugel zum Monde hin, welches ihm nicht als wunderlich oder gesetzlos erscheint, sondern nur als ein einzelnes Beispiel einer allgemeinen Regel oder eines Naturgesetzes.

CV. Wenn wir demgemäss den Unterschied, der zwischen Naturforschern und Andern hinsichtlich ihrer Erkenntniss der Erscheinungen besteht, näher in's Auge fassen, so werden wir finden, dass derselbe nicht in einer genaueren Kenntniss der wirkenden Ursache, welche die Erscheinungen hervorbringt, besteht, denn diese kann nur der *Wille eines Geistes* sein, sondern nur in einer grösseren Breite der Auffassung, wodurch Aehnlichkeiten, Harmonien, Uebereinstimmungen in den Naturwerken entdeckt und die einzelnen Erscheinungen erklärt, d.h. auf allgemeine Regeln zurückgeführt werden (s. Section LXII), welche Regeln, gegründet auf die in der Hervorbringung der natürlichen Wirkungen beobachtete Aehnlichkeit und Gleichförmigkeit, dem Geiste höchst erfreulich sind und von ihm gesucht werden, und zwar darum, weil sie unsern Blick über das hinaus, was gegenwärtig und uns nahe ist, erweitern und uns befähigen, sehr wahrscheinliche Vermuthungen über Dinge aufzustellen, die in sehr weiten zeitlichen und räumlichen Entfernungen sich ereignet haben mögen, ebenso wie Zukünftiges vorauszusagen, und diese Art von Hinstreben zur Allwissenheit wird von dem Geiste sehr geliebt.

CVI. Aber wir sollten vorsichtig bei solcher Forschung verfahren; denn wir sind geneigt, zu grosses Gewicht auf Analogien zu legen und zum Nachtheil der Wahrheit jenem ungestümen Drange des Geistes nachzugeben, seine Kenntnisse zu allgemeinen Theoremen zu erweitern. So sind z.B. Einige sofort geneigt, Gravitation oder gegenseitige Anziehung, weil dieselbe sich in vielen Fällen zeigt, für *allgemein* auszugeben und anzunehmen, dass *das Anziehen und das Angezogenwerden durch jeden andern Körper eine wesentliche Eigenschaft sei, die allen Körpern, welche es auch seien, innewohne.* Wogegen es doch scheint, dass die Fixsterne kein solches Zueinanderstreben haben, und so weit ist jene Gravitation davon entfernt, den Körpern *wesentlich* zu sein, dass in einigen Fällen ein gerade entgegengesetztes Princip sich zu bekunden scheint, wie in dem Wachsen der Pflanzen nach oben und in der Elasticität der Luft. Es ist nichts Nothwendiges oder Wesentliches in dem Vorgang, sondern dieser hängt gänzlich von dem Willen des *herrschenden Geistes* ab, der verursacht, dass gewisse Körper sich fest zusammenschliessen oder zu einander hinstreben gemäss verschiedenen Gesetzen, während er andere in einer fixirten Entfernung hält, und einigen giebt er eine völlig entgegengesetzte Tendenz, auseinander zu fliehen, gerade wie er es passend findet.

CVII. Nach dem Vorstehenden dürfen wir, denke ich, folgende Schlüsse ziehen: 1) Es ist klar, dass die Philosophen sich selbst fruchtlos täuschen, wenn sie eine natürliche wirkende Ursache suchen, die von einer Seele oder einem Geist verschieden sei. 2) In Anbetracht dessen, dass die gesammte Schöpfung das Werk eines weisen und guten wirkenden Wesens ist, sollte es als Aufgabe der Forscher gelten, ihre Gedanken (im Gegensatz zu dem, was Einige fordern) auf die Zweckursachen der Dinge zu richten, und ich muss gestehen, dass ich keinen Grund sehe, warum eine Aufzeigung der verschiedenen Zwecke, zu welchen Naturobjecte bestimmt sind, und denen gemäss sie uranfänglich mit unaussprechlicher Weisheit eingerichtet worden sind, nicht für eine gute Weise, Rechenschaft über sie zu geben, gelten solle, die eines Forschers durchaus würdig sei. 3) Aus dem Obigen kann kein Grund entnommen werden, warum fernerhin nicht die Naturgeschichte studirt und Beobachtungen und Versuche gemacht werden sollten; dass aber diese den Menschen zum Nutzen gereichen und uns befähigen, Schlüsse zu ziehen, ist nicht das Ergebniss irgend welcher unveränderlichen Eigenschaften, oder Beziehungen zwischen den Dingen selbst, sondern allein der göttlichen Güte und Freundlichkeit gegen die Menschen in der Leitung der Welt (s. Section XXX. und XXXI). 4) Durch eine sorgsame Beobachtung der in unsern Gesichtskreis fallenden Erscheinungen können wir die allgemeinen Gesetze der Natur erkennen und aus ihnen die anderen Erscheinungen *herleiten*, ich sage nicht als nothwendig *erweisen* (deduciren, nicht demonstriren); denn alle Herleitungen (Deductionen) dieser Art sind abhängig von von der Voraussetzung, dass der Urheber der Natur stets gleichmässig handle unter beständiger Beobachtung jener Regeln, die wir für Principien ansehen, und das können wir doch nicht mit Sicherheit wissen.

CVIII. Die, welche allgemeine Regeln aus den Erscheinungen entnehmen und hernach die Erscheinungen aus diesen Regeln ableiten, scheinen vielmehr *Zeichen*, als *Ursachen* zu betrachten. Jemand kann natürliche Zeichen wohl verstehen, ohne ihre Analogie zu kennen oder sagen zu können, nach was für einem Gesetz ein Ding so oder anders sei. Und gleich wie es sehr wohl möglich ist, incorrect zu schreiben durch eine zu strenge Befolgung allgemeiner grammatischer Regeln, so ist es bei Schlüssen aus allgemeinen Naturgesetzen nicht unmöglich, durch zu weite Ausdehnung der Analogie zu irren.

CIX. Wie bei dem Lesen anderer Bücher ein weiser Mann seine Gedanken vielmehr auf den Sinn richten und denselben sich zu Nutzen zu machen streben, als dieselben zu grammatischen Bemerkungen über die Sprache verwenden wird, so scheint es bei der Lesung des Buchs der Natur unter der Würde des Geistes zu sein, allzusehr nach Exactheit in der Zurückführung jeder einzelnen Erscheinung auf allgemeine Gesetze oder in dem Nachweis, wie sie aus denselben folge, zu streben. Wir sollten uns edlere Ziele stecken, unsern Geist erfrischen und erheben durch einen Blick auf die Schönheit, Ordnung, Fülle und Mannigfaltigkeit der Naturobjecte, dann durch richtig hierauf gebaute Schlüsse unsere Begriffe von der Grösse, Weisheit und Güte des Schöpfers erweitern, und zuletzt die verschiedenen Theile der Schöpfung, so weit dies bei uns steht, den Zwecken dienstbar machen, zu welchen sie bestimmt sind, nämlich Gottes Ehre und Erhaltung und Schmückung des Lebens für uns und unsere Mitgeschöpfe.

CX. Dass den besten Aufschluss über die vorhin erwähnte naturwissenschaftliche Erkenntniss der Regelmässigkeit in den Erscheinungen ein gewisser berühmter Tractat über die *Mechanik* gewähre, wird man zweifellos anerkennen. In der Einleitung dieses mit Recht bewunderten Tractats werden Zeit, Raum und Bewegung eingetheilt in die absolute und relative, wahre und anscheinende, mathematische und vulgäre; diese Unterscheidung setzt, wie ihr Verfasser dies ausführlich erklärt, voraus, dass jene Grössen eine Existenz ausserhalb des Geistes haben, und dass sie gewöhnlich in Beziehung zu den sinnlichen Dingen betrachtet werden, zu welchen sie jedoch ihrer eigenen Natur nach überhaupt keine Beziehung haben.

CXI. Was die *Zeit* betrifft, wie sie hier in einem absoluten oder abstracten Sinne genommen wird, als die Dauer oder Beharrung der Existenz der Dinge, so habe ich nichts dem hinzuzufügen, was hierüber schon Section XCVII und XCVIII gesagt worden ist. Uebrigens hält dieser berühmte Schriftsteller dafür, es gebe einen absoluten Raum, der, als nicht durch die Sinne percipirbar, an sich gleichförmig und unbeweglich bleibe, und einen relativen Raum, der das Maass des absoluten sei; dieser relative Raum sei beweglich und bestimmt durch seine Lage in Rücksicht der sinnlich wahrnehmbaren Körper, werde aber gewöhnlich für den unbeweglichen Raum genommen. Den *Ort* definirt er als den Theil des Raumes, den ein Körper einnehme. Ebenso, wie der Raum theils absolut, theils relativ sei, sei dies auch der Ort. *Absolute Bewegung* ist der Uebergang eines Körpers aus einem absoluten Ort an einen andern absoluten Ort, relative Bewegung der Uebergang aus einem relativen Ort an einen andern. Da die Theile des absoluten Raumes nicht in die Sinneswahrnehmung fallen, so sind wir genöthigt, statt ihrer ihre sinnfälligen Maasse zu gebrauchen, und somit Ort und Bewegung mit Rücksicht auf Körper zu bestimmen, welche wir als unbeweglich betrachten. Aber es wird gesagt, wir müssen in philosophischen Betrachtungen von unseren Sinnen abstrahiren, weil es sein kann, dass keiner von den Körpern, die zu ruhen scheinen, wirklich ruht, und dass das nämliche Ding, welches relativ in Bewegung ist, in Wirklichkeit ruht. Ebenso kann ein und derselbe Körper in relativer Ruhe und Bewegung oder selbst gleichzeitig in entgegengesetzter relativer Bewegung sein, jenachdem sein Ort verschieden bestimmt wird. Alle diese Vieldeutigkeit wird in den anscheinenden Bewegungen gefunden, aber durchaus nicht in der wahren oder absoluten Bewegung, welche demgemäss allein in der Philosophie betrachtet werden sollte. Die wahre Bewegung, wird uns gesagt, ist von den anscheinenden oder relativen Bewegungen durch folgende Eigenschaften zu unterscheiden. 1) In der wahren oder absoluten Bewegung nehmen alle die Theile, welche die nämliche Lage in Beziehung auf das Ganze behalten, an den Bewegungen des Ganzen Theil. 2) Wird der Ort bewegt, so bewegt sich auch das darin Befindliche, so dass ein Körper, der sich an einem Orte bewegt, welcher selbst in Bewegung ist, an der Bewegung seines Ortes Theil nimmt. 3) Wahre Bewegung wird niemals anders erzeugt oder abgeändert, als durch eine auf den Körper selbst einwirkende Kraft. 4) Wahre Bewegung wird stets geändert durch eine auf den bewegten Körper einwirkende Kraft. 5) In einer nur relativen kreisförmigen Bewegung ist keine Centrifugalkraft, die jedoch in der wahren oder absoluten Bewegung der Quantität der Bewegung proportional ist.

CXII. Aber ungeachtet dessen, was hier gesagt worden ist, scheint mir keine Bewegung eine andere, als eine relative, sein zu können, so dass wir, um uns Bewegung vorzustellen, uns zum Mindesten zwei Körper vorstellen müssen, deren Abstand oder gegenseitige Lage sich ändert. Hiernach könnte, wenn überhaupt nur Ein Körper existirte, dieser unmöglich in Bewegung sein. Dies scheint einleuchtend zu sein, sofern die Idee, die ich von Bewegung habe, nothwendig eine Beziehung in sich schliesst.

CXIII. Aber obschon es bei jeglicher Bewegung nothwendig ist, mehr als Einen Körper zu denken, so kann es doch geschehen, dass nur Einer bewegt ist, nämlich der, auf welchen die Kraft wirkt, die den Wechsel des Abstandes verursacht, oder, mit anderen Worten, der, auf welchen die Thätigkeit gerichtet ist. Denn wenn gleich Einige die relative Bewegung so definiren, dass darunter die Aenderung des Abstandes eines Körpers von

irgend einem andern Körper zu verstehen sei, mag die Kraft oder
Thätigkeit, welche diese Aenderung bewirkt, auf ihn gerichtet
worden sein oder nicht: so scheint es doch, dass, da die relative
Bewegung diejenige ist, welche sinnlich percipirt und bei den
gewöhnlichen Vorgängen im Leben beobachtet wird, Jedermann,
der gesunden Menschenverstand hat, ebensowohl, wie der beste
Philosoph wisse, was sie sei; nun frage ich einen jeden Beliebigen, ob nach dem Sinne, worin er *Bewegung* nimmt, die Steine,
über die er schreitet, wenn er durch die Strassen geht, *bewegt*
genannt werden können, weil sie ihren Abstand von seinen
Füssen ändern? Mir scheint, dass, obwohl Bewegung eine Beziehung eines Dinges auf ein anderes in sich schliesst, doch nicht
nothwendig sei, dass jede veränderte Beziehung Bewegung
genannt werde. Wie ein Mensch über etwas denken kann, was
selbst nicht denkt, so kann ein Körper zu einem andern Körper
hin oder von demselben weg sich bewegen, ohne dass doch
darum der letztere selbst in Bewegung ist.

CXIV. Wenn der *Ort* auf verschiedene Weise bestimmt wird,
so ändert sich die auf ihn bezügliche Bewegung. Von einem
Menschen, der in einem Schiffe ist, kann man sagen, er ruhe in
Bezug auf die Seiten des Fahrzeugs und bewege sich doch in
Bezug auf das Land, oder er könne sich ostwärts in dem einen
und westwärts in dem andern Betracht bewegen. Im gemeinen
Leben denken die Menschen niemals über die Erde hinaus, um
den Ort irgend eines Körpers zu bestimmen; was in Bezug auf
die Erde ruht, wird als *absolut* ruhend angesehen. Aber Forscher,
die einen grösseren Gedankenkreis umfassen und richtigere
Begriffe von dem Ganzen der Dinge haben, entdecken, dass auch
die Erde selbst in Bewegung ist. In der Absicht also, ihre
Gedanken zu fixiren, scheinen sie die körperliche Welt als

begrenzt zu denken und deren äusserste unbewegte Grenze oder ihre Hülse als den Ort sich vorzustellen, wonach sie wahre Bewegungen abschätzen. Prüfen wir unsere eigenen Begriffe, so werden wir, denke ich, finden, dass alle die absolute Bewegung, von der wir uns eine Idee bilden können, im Grunde nichts anderes ist, als in dieser Art bestimmte relative Bewegung. Denn wie schon bemerkt worden ist, absolute Bewegung ist, wenn man alle Beziehung auf Aeusseres ausschliesst, undenkbar, und auf diese Art relativer Bewegung passen, wie man, wenn ich nicht irre, finden wird, alle die oben erwähnten Eigenschaften, Ursachen und Wirkungen, welche man der absoluten Bewegung zuschreibt. Was das über die Centrifugalkraft Gesagte betrifft, dass dieselbe nicht bei relativer Kreisbewegung vorkomme, so sehe ich nicht, wie dies aus dem Experiment folge, welches zum Beweise beigebracht worden ist. Siehe Philosophiae naturalis principia mathematica, im Schol. zu Defin. VIII. Denn das Wasser in dem Gefässe hat zu der Zeit, wo ihm die grösste relative Bewegung zugeschrieben wird, meiner Meinung nach gar keine Bewegung, wie aus der vorigen Section hervorgeht.

CXV. Denn um einen Körper *bewegt* zu nennen, ist erforderlich: 1) dass derselbe seinen Abstand oder seine Lage in Beziehung auf einen andern Körper ändere, 2) dass die diese Aenderung veranlassende Kraft oder Thätigkeit auf ihn gerichtet sei. Bleibt eine dieser beiden Bedingungen unerfüllt, so entspricht es, denke ich, nicht der gewöhnlichen Auffassung, noch auch dem Sprachgebrauch, einen Körper bewegt zu nennen. Ich gebe zwar zu, dass es uns möglich ist, einen Körper, den wir seinen Abstand von einem andern ändern sehen, als bewegt zu denken, obschon keine Kraft auf ihn gerichtet ist (in welchem Sinne anscheinende Bewegung vorhanden sein mag); dann aber

geschieht dies darum, weil die Kraft, welche den Abstands-
wechsel verursacht, von uns vorgestellt wird als gerichtet oder
bezogen auf den Körper, den wir als bewegt denken, was in der
That zeigt, dass wir des Irrthums fähig sind, ein Ding, welches
unbewegt ist, sei in Bewegung; das ist alles, was sich folgern
lässt.

CXVI. Aus dem Gesagten folgt, dass die philosophische
Betrachtung der Bewegung nicht das Dasein eines absoluten
Raumes involvirt, der verschieden wäre von dem durch die Sinne
percipirten und auf Körper bezüglichen Raume; dass dieser letztere nicht ausserhalb des Geistes existiren kann, ist klar vermöge
derselben Principien, welche das Gleiche von allen anderen
Sinnesobjecten beweisen und vielleicht werden wir bei genauer
Untersuchung finden, dass wir nicht einmal eine Idee eines
reinen Raumes mit Ausschluss aller Körper bilden können. Ich
muss bekennen, dass mir dies als unmöglich erscheint, weil diese
Idee höchst abstract wäre. Rufe ich eine Bewegung in einem
Theile meines Körpers hervor und lässt sich dieselbe frei oder
ohne Widerstand vollziehen, so sage ich, es ist dort Raum; finde
ich aber einen Widerstand, so sage ich, es sei dort ein Körper,
und in dem Maasse, wie der Widerstand, gegen die Bewegung
geringer oder grösser ist, sage ich, der Raum sei mein- oder
weniger frei. Es muss also, wenn ich von freiem oder leerem
Raume spreche, nicht vorausgesetzt werden, das Wort *Raum*
stehe für eine Idee, die von Körper und Bewegung gesondert
oder ohne diese denkbar wäre. Freilich sind wir geneigt zu glauben, dass jedes Nomen substantivum eine bestimmte Idee
vertrete, die von allen anderen gesondert werden könne, was
unzählige Irrthümer veranlasst hat. Wenn ich also annehme, die
ganze Welt werde vernichtet ausser meinem eigenen Körper, so

106

sage ich, es bleibe noch der blosse Raum; hiermit ist nichts anderes gemeint, als dass ich es als möglich denke, dass die Glieder meines Leibes nach allen Seiten hin ohne den geringsten Widerstand sich bewegen; wäre aber auch noch mein Leib vernichtet, dann konnte keine Bewegung und folglich kein Raum sein. Vielleicht glauben Einige, der Gesichtssinn liefere ihnen die Idee des blossen Raumes; aber es geht aus dem, was wir anderweitig gezeigt haben, klar hervor, dass die Ideen *Raum* und *Entfernung* nicht durch diesen Sinn erlangt werden. Siehe den Versuch über das Sehen.

CXVII. Das hier Vorgetragene scheint alle jene Disputationen und jene Bedenken aufzuheben, die unter den Gelehrten in Betreff der Natur des *leeren Raumes* sich erhoben haben. Der Hauptvortheil aber, der daraus hervorgeht, besteht darin, dass wir von jenem gefährlichen Dilemma befreit werden, in welches Einige, die ihre Gedanken auf diesen Gegenstand gerichtet haben, sich selbst verstrickt glauben, nämlich entweder annehmen zu müssen, dass der reale Raum Gott sei, oder andernfalls, dass es etwas von Gott Verschiedenes gebe, das ewig, ungeschaffen, unendlich, untheilbar, unveränderlich sei; und beide Vorstellungen scheinen doch verderblich und ungereimt zu sein. Es ist gewiss, dass nicht wenige Theologen ebensowohl, wie Philosophen von grossem Ansehen aus der Schwierigkeit, welche sie darin fanden, Grenzen des Raums oder Vernichtung des Raumes zu denken, den Schluss gezogen haben, derselbe müsse göttlich sein. In jüngster Zeit haben Einige sich besonders bemüht, zu zeigen, dass dies nicht im Widerstreit zu den unmittheilbaren Attributen Gottes stehe. Wie sehr auch diese Lehre der Würde der göttlichen Natur widerstreiten mag, so sehe ich doch nicht, wie wir von ihr loskommen können, so lange wir den herrschenden Meinungen anhangen.

CXVIII. So viel über Naturphilosophie; wir wenden uns nun zu einigen Untersuchungen, welche den andern Hauptzweig theoretischer Erkenntniss, nämlich die *Mathematik* betreffen. Wie sehr diese auch wegen ihrer Klarheit und der Sicherheit der Beweisführung gepriesen werden mag, die schwerlich auf irgend einem andern Gebiete wiedergefunden wird, so kann sie dennoch nicht für durchaus frei von Irrthümern gehalten werden, sofern in ihren Principien ein versteckter Irrthum sitzt, der den Vertretern dieser Wissenschaft mit den anderen Menschen gemeinsam ist. Obwohl die Mathematiker ihre Theoreme aus sehr einleuchtenden Fundamentalsätzen ableiten, so gehen doch ihre Principien nicht über die Betrachtung der Quantität hinaus, und sie steigen nicht auf bis zu einer Betrachtung jener die Schranken der Einzelwissenschaften überschreitenden (transscendentalen) Grundsätze, welche auf eine jede der Einzelwissenschaften Einfluss haben; jede von diesen, die Mathematik nicht ausgenommen, muss demgemäss von Irrthümern, die in diesen Grundsätzen liegen, mitbetroffen werden. Wir leugnen nicht, dass die von den Mathematikern aufgestellten Principien wahr seien, und dass ihre Weise der Ableitung aus jenen Principien klar und unanfechtbar sei. Wir halten aber dafür, es gebe gewisse irrthümliche allgemeine Sätze, die weiter reichen, als das Object der Mathematik, und die aus diesem Grunde in dieser Wissenschaft durchgängig nur stillschweigend vorausgesetzt, aber nicht ausdrücklich erwähnt werden; wir glauben, dass die üblen Wirkungen jener verborgenen ungeprüften Irrthümer durch alle Zweige der Mathematik hindurch sich erstrecken. Um deutlich zu reden: wir vermuthen, die Mathematiker seien ebensowohl, wie andere Menschen, an den Irrthümern betheiligt, welche aus der Lehre herfliessen, dass es abstracte allgemeine Ideen gebe, und dass Objecte ausserhalb des Geistes existiren.

CXIX. Man hat dafür gehalten, die *Arithmetik* habe zu ihrem Object abstracte Zahlideen. Die Eigenschaften und gegenseitigen Verhältnisse abstracter Zahlen zu verstehen, wird für keinen geringen Theil theoretischer Erkenntniss gehalten. Die Meinung, dass den Zahlen in abstracto ein reines, durch den Verstand erkennbares Wesen zukomme, hat sie in Ansehen bei solchen Philosophen gesetzt, welche eine ungewöhnliche Feinheit und Erhebung des Denkens sich zum Ziele gesetzt zu haben scheinen. Der grösste Werth ward den nichtigsten Zahlenspeculationen zugeschrieben, von denen sich keine nützliche Anwendung machen lässt, sondern die nur zur Ergetzung dienen, und Einige gingen in Folge davon so weit, von hohen Mysterien zu träumen, die in den Zahlen lägen, und mittelst derselben die Naturobjecte erklären zu wollen. Wenn wir aber unsere eigenen Gedanken durchforschen und das oben Gesagte erwägen, so werden wir wohl jene hohen Gedankenflüge und Abstractionen gering achten und alle Untersuchungen über Zahlen nur als eben so viele mühvolle Spielereien (difficiles nugae) betrachten, so weit sie nicht der Praxis dienen und den Vortheil des Lebens befördern.

CXX. Die Einheit in abstracto haben wir oben in Section XIII betrachtet; daraus und aus dem in der Einleitung Gesagten folgt offenbar, dass es gar keine solche Idee giebt. Da aber die Zahl als eine Zusammenfassung von Einheiten definirt wird, so dürfen wir schliessen dass, wenn es nichts Derartiges, wie Einheit oder Eins in abstracto giebt, es keine abstracten Zahlideen gebe, welche durch die Zahlworte und Ziffern bezeichnet werden. Werden also die Theorien in der Arithmetik von den

Worten und Ziffern durch Abstraction abgesondert, wie gleicherweise auch von aller praktischen Anwendung und auch von den
einzelnen gezählten Objecten, so darf man annehmen, dass sie
ganz gegenstandslos seien. Hieraus ergiebt sich, wie durchaus
die Wissenschaft von den Zahlen der Anwendung zu dienen hat,
und wie nüchtern und tändelnd sie wird, wenn man sie als etwas
rein Theoretisches betrachtet.

CXXI. Da es jedoch Einige giebt, die, getäuscht durch den
glänzenden Schein der Entdeckung abstracter Wahrheiten, ihre
Zeit an arithmetische Theoreme und Probleme verschwenden,
welche gar keinen Nutzen bringen, so wird es nicht unange-
messen sein, eine vollständigere Betrachtung anzustellen und das
Täuschende jenes Scheines aufzudecken; es wird dieses ganz
offenbar werden, wenn wir einen Blick auf die Arithmetik in
ihrer Kindheit werfen und beobachten, was es war, das ursprünglich die Menschen zum Studium dieser Wissenschaft führte und
auf welches Ziel sie dabei ihr Streben richteten. Es ist eine natur-
gemässe Annahme, dass die Menschen zuerst zur Unterstützung
des Gedächtnisses und Hülfe beim Zusammenzählen Gebrauch
von Rechenmarken gemacht haben, oder beim Schreiben von
einzelnen Strichen, Punkten oder Aehnlichem, wovon ein Jedes
bestimmt war eine Einheit zu bezeichnen, d.h. ein gewisses
einzelnes Ding irgend welcher Art, das sie mit andern zusam-
menzuzählen hatten. Später erfanden sie die kürzere Weise, ein
einzelnes Zeichen mehrere Striche oder Punkte vertreten zu
lassen. Zuletzt kamen die arabischen oder indischen Zahlzeichen
in Gebrauch, wobei durch Wiederholung einiger wenigen Züge
oder Figuren und durch Aenderung der Bedeutung eines jeden
Zeichens nach der Stelle, die es einnimmt, alle Zählen auf's ange-
messenste ausgedrückt werden können; dies scheint vermöge

einer Nachahmung der Sprache geschehen zu sein, so dass sich eine genaue Aehnlichkeit zwischen der Bezeichnung durch Ziffern und durch Worte beobachten lässt, indem die neun einfachen Zahlzeichen den neun ersten Zahlworten entsprechen und die Stellen in der Zahlbezeichnung der Benennung als Zehner, Hunderte etc. in den Zahlworten. Gemäss jenen Bedingungen des einfachen Werthes und des Stellenwerthes der Ziffern wurden Methoden ersonnen, aus den gegebenen Ziffern oder Zeichen der Theile zu finden, was für Ziffern und wie gestellte Ziffern geeignet seien, das Ganze zu bezeichnen und umgekehrt. Nachdem man die gesuchten Ziffern gefunden und beobachtet hat, dass die nämliche Regel oder Analogie durchgängig gelte, ist es leicht, sie in Worte zu fassen, und so wird die Zahl vollständig bekannt. Denn die Zahl irgend welcher einzelnen Dinge heisst dann bekannt, wenn wir das Zahlwort oder die Zahlzeichen (in ihrer richtigen Stellung) kennen, welche gemäss der feststehenden Analogie denselben zugehören. Denn wenn diese Zeichen bekannt sind, so können wir durch die arithmetischen Operationen die Zeichen irgend eines Theiles der einzelnen durch sie bezeichneten Summen kennen lernen, und indem wir so in Zeichen rechnen, können wir, zufolge der zwischen ihnen und der bestimmten Menge von Dingen, von welchen jedes als eine Einheit gilt, zu Stande gebrachten Verbindung die Geschicklichkeit erlangen, richtig zu summiren, zu theilen und Verhältnisse zu bilden, welche auf die Dinge selbst Anwendung finden, die wir der Rechnung zu unterwerfen beabsichtigen.

CXXII. In der Arithmetik werden demnach nicht Dinge, sondern Zeichen betrachtet, welche jedoch nicht um ihrer selbst willen, sondern darum, weil sie uns zeigen, wie in Bezug auf die Dinge zu verfahren sei, und wie über diese richtig zu verfügen sei, der Untersuchung unterworfen werden. Nun geschieht es hier ebenso, wie wir dies oben (Sect. XIX der Einleitung) in Bezug auf die Worte im Allgemeinen bemerkt haben, dass man dafür hält, abstracte Ideen würden durch Zahlworte oder Zahlzeichen bezeichnet, indem sie in unserm Geiste nicht Ideen von einzelnen Dingen anregen. Ich will jetzt nicht eine speciellere Untersuchung hierüber führen, sondern nur bemerken, dass aus dem Gesagten klar ist, dass das, was man als abstracte Wahrheiten und Theoreme über Zahlen ansieht, in Wahrheit auf kein Object geht, das von den einzelnen zählbaren Dingen verschieden wäre, daneben bloss auf Namen und Ziffern, die ursprünglich in keinem andern Sinne betrachtet wurden, als sofern sie *Zeichen* sind oder geeignet, auf eine angemessene Weise alle einzelnen Dinge zu bezeichnen, welche man zu zählen nöthig hatte. Hieraus folgt, dass, sie um ihrer selbst willen zu studiren, eben so weise sein und einem ebenso guten Zwecke dienen würde, wie wenn Jemand mit Vernachlässigung des rechten Gebrauchs oder der ursprünglichen Absicht und Aufgabe der Sprache seine Zeit auf eine unschickliche Kritik über Worte oder auf Erwägungen und Streitfragen, die nur Worte betreffen, verwenden wollte.

CXXIII. Von den Zahlen gehen wir in unserer Betrachtung zur *Ausdehnung* fort, die als relative das Object der Geometrie ist. Die unendliche Theilbarkeit endlicher Ausdehnung wird zwar nicht ausdrücklich als Axiom oder als Theorem in den Elementen dieser Wissenschaft ausgesprochen, wird aber in ihr überall vorausgesetzt, und man denkt, sie stehe in einer so untrennbaren und wesentlichen Verbindung mit den geometrischen Principien und Demonstrationen, dass die Mathematiker sie niemals in Zweifel ziehen oder irgend eine Untersuchung darauf richten. Da diese Vorstellung die Quelle aller jener ergötzlichen geometrischen Paradoxien ist, welche in so schroffem Widerstreit zu dem schlichten Menschenverstande stehen, und die ein noch nicht durch Gelehrsamkeit von dem geraden Wege abgelenkter Geist nur mit so vielem Widerstreben in sich aufnimmt, so ist sie der Hauptanlass zu all' jener misslichen äussersten Subtilität, welche das mathematische Studium so schwierig und abstossend macht. Können wir also zeigen, dass keine endliche Ausdehnung unendlich viele Theile enthält oder in's Unendliche theilbar ist, so folgt, dass hierdurch sofort die geometrische Wissenschaft von einer Menge von Schwierigkeiten und Widersprüchen befreit werden wird, welche stets der menschlichen Vernunft zum Vorwurf gereicht haben, und dass zugleich die Aneignung dieser Wissenschaft weniger Zeit und Mühe kosten wird, als bisher.

CXXIV. Jede einzelne begrenzte Ausdehnung, welche ein Object unseres Denkens werden kann, ist eine Idee, die nur in dem Geiste existiren kann, und demgemäss muss jeder Theil derselben percipirt werden. Wenn ich also nicht unzählig viele Theile in irgend einer begrenzten Ausdehnung, die ich betrachte, percipiren kann, so ist gewiss, dass sie nicht darin enthalten sind; es ist aber offenbar, dass ich nicht unzählig viele Theile in irgend einer einzelnen Linie, Fläche oder einem Körper unterscheiden kann, mag ich diese Gebilde sinnlich wahrnehmen oder sie mir in meinem Geiste vorstellen; hieraus schliesse ich, dass dieselben darin nicht enthalten sind. Nichts kann mir klarer sein, als dass die Ausdehnungen, die ich betrachte, nichts anderes, als meine eigenen Ideen sind, und es ist nicht weniger klar, dass ich die Ideen, die ich habe, nicht in eine unendliche Zahl anderer Ideen auflösen kann, d.h. dass sie nicht in's Unendliche theilbar sind. Wenn unter *endlicher Ausdehnung* etwas von einer endlichen Idee Verschiedenes gemeint ist, so erkläre ich, dass ich nicht weiss, was das ist, und dass ich demgemäss nichts davon behaupten, noch auch negiren kann. Wenn aber die Termini *Ausdehnung, Theile* und ähnliche in einem verständlichen Sinne genommen werden, d.h. wenn sie Ideen bezeichnen, dann ist es ein so offenbarer Widerspruch, zu sagen, eine endliche Grösse oder Ausdehnung bestehe aus unendlich vielen Theilen, dass ein Jeder auf den ersten Blick anerkennt, dass es ein solcher sei. Und es ist eben unmöglich, dass jener Aussage jemals irgend ein denkendes Wesen beistimme, wenn dasselbe nicht durch geringe und allmälige Uebergänge dahin gebracht worden ist, wie dass ein eben erst bekehrter Heide an das Wunder der Transsubstantiation glaube. Alte und eingewurzelte Vorurtheile erlangen oft die Geltung von Principien, und solche Sätze, die einmal die Kraft und das Ansehen eines *Princips* erlangt haben, gelten nicht nur selbst, sondern mit ihnen zugleich auch das, was sich aus ihnen ableiten lässt, für erhaben über alle Prüfung. Keine Ungereimtheit ist so gross, dass nicht der Geist auf diese Weise bereit gemacht werden könnte, sie hinzunehmen.

CXXV. Wer das Vorurtheil hegt, dass abstracte allgemeine Ideen existiren, der kann auch die Annahme billigen, dass (was auch immer von den sinnlichen Ideen gelten möge) die Ausdehnung in abstracte in's Unendliche theilbar sei, und wer dafür hält, dass die Sinnesobjecte ausserhalb des Geistes existiren, wird vielleicht auf Grund hiervon zu dem Zugeständniss gebracht werden, dass eine Linie, die nur einen Zoll lang ist, unzählig viele Theile enthalten könne, welche wirklich existiren, obwohl sie zu klein seien, um unterschieden zu werden. Diese Irrthümer sind im Geist der Geometer ebensowohl eingewurzelt, wie in dem Geiste anderer Menschen, und haben den gleichen Einfluss auf ihre Erwägungen, und es wäre nicht schwer zu zeigen, wie darauf die geometrischen Argumente beruhen, auf welche die unendliche Theilbarkeit der Ausdehnung gestützt wird. Für jetzt wollen wir nur im Allgemeinen bemerken, warum alle Mathematiker diese Lehre so sehr lieben und mit solcher Zähigkeit an ihr festhalten.

CXXVI. Es ist an einer andern Stelle (Sect. XV der Einleitung) bemerkt worden, dass die geometrischen Sätze und Beweise allgemeine Ideen betreffen; es ist dort erklärt worden, in welchem Sinne dies zu verstehen sei, nämlich, dass die einzelnen Linien und Figuren in der Zeichnung so betrachtet werden, dass sie unzählige andere von verschiedener Grösse vertreten, oder mit andern Worten: der Geometer betrachtet sie mit Abstraction von ihrer Grösse, was nicht in sich schliesst, dass er eine abstracte Idee bilde, sondern nur, dass er sich nicht darum kümmere, welches die einzelne Grösse sei, ob eine bedeutende oder geringe, sondern dieselbe als etwas für die Beweisführung Gleichgültiges ansieht; hieraus folgt, dass von einer in der Zeichnung enthaltenen Linie, obschon dieselbe nur einen Zoll lang ist, so gesprochen werden muss, als ob dieselbe zehntausend Theile enthielte, weil sie nicht an sich, sondern als allgemein betrachtet wird; allgemein aber ist sie nur in ihrer Bedeutung, wonach sie unzählige Linien vertritt, die grösser sind, als sie selbst, in welchen zehntausend und mehr Theile unterschieden werden können, obschon sie selbst nicht mehr, als einen Zoll lang sein mag. Demgemäss werden die Eigenschaften der bezeichneten Linien (nach einer sehr üblichen Redeweise) auf das Zeichen übertragen und durch Missverständniss so betrachtet, als ob sie diesem nach seiner eigenen Natur angehörten.

CXXVII. Da keine Zahl von Theilen so gross ist, dass es nicht eine Linie geben konnte, die deren noch mehrere enthielte, so wird gesagt, die Linie von einem Zoll enthalte so viele Theile, dass deren Zahl jede angebbare Zahl überschreite; dies ist wahr, nicht von jener Linie an sich, sondern nur von dem durch sie Bezeichneten. Hält man aber in seinem Denken diese Unterscheidung nicht fest, so kommt man unvermerkt zu dem Glauben, dass die kleine einzelne auf Papier gezeichnete Linie in sich selbst unzählig viele Theile habe. Es giebt nichts derartiges, wie den zehntausendsten Theil eines Zolles, wohl aber einer Meile oder des Erddurchmessers, welche durch jenen Zoll bezeichnet werden können. Wenn ich also ein Dreieck auf's Papier zeichne und eine Seite z.B., die nicht über einen Zoll lang ist, als Radius nehme, so betrachte ich diesen als getheilt in zehntausend oder in hunderttausend Theile oder mehr. Denn obwohl der zehntausendste Theil jener Linie an sich betrachtet ganz und gar nichts ist und demgemäss ohne irgend einen Irrthum oder Nachtheil vernachlässigt werden kann, so folgt doch aus der Betrachtung dieser Linien als blosser Zeichen für grössere Quantitäten, deren zehntausendster Theil sehr beträchtlich sein kann, dass, um beträchtliche Irrthümer in der Anwendung zu vermeiden, der Radius als eine Linie von zehntausend oder mehr Theilen genommen werden muss.

CXXVIII. Aus dem Gesagten ist klar, warum wir, wenn ein Satz allgemein anwendbar werden soll, von den auf das Papier hingezeichneten Linien so sprechen müssen, als ob dieselben Theile enthielten, welche sie in Wirklichkeit nicht enthalten. Thun wir dies, so werden wir doch bei genauer Prüfung wohl finden, dass wir dabei nicht einen Zoll selbst als bestehend aus tausend Theilen oder als zerlegbar in tausend Theile betrachten können, sondern nur eine gewisse andere Linie, die weit grösser ist, als ein Zoll, und durch diesen repräsentirt wird, und dass wir wenn wir sagen, eine Linie sei in's Unendliche theilbar, eine unendlich grosse Linie meinen müssen. In dem Erwähnten scheint die Hauptursache zu liegen, warum man die Voraussetzung der unendlichen Theilbarkeit endlicher Ausdehnung in der Geometrie für erforderlich gehalten hat.

CXXIX. Die vielen aus dieser Voraussetzung hervorgehenden Ungereimtheiten und Widersprüche hätten, sollte man denken, als ebensoviele Beweise gegen dieselbe gelten sollen. Aber ich weiss nicht, nach was für einer Logik man annimmt, dass Beweise a *posteriori* gegen Sätze, die das Unendliche betreffen, nicht zulässig seien. Als ob es nicht sogar für einen unendlichen Geist unmöglich wäre, Widersprüche mit einander zu vereinigen, oder als ob etwas Ungereimtes und Widersprechendes in einer nothwendigen Verbindung mit der Wahrheit stehen oder aus ihr herfliessen könnte. Vielmehr wird ein Jeder, der die Schwäche dieses Vorgehens erkennt, denken, dass es ersonnen ward der Trägheit des Geistes zu Gefallen, der sich lieber bei einem gemächlichen Zweifel beruhigt, als dass er die Mühe auf sich nähme, jene Voraussetzungen, die er stets als wahr angenommen hat, einer strengen Prüfung zu unterwerfen.

CXXX. In der jüngsten Zeit sind die Speculationen über unendliche Grössen so weit getrieben worden und haben so seltsame Vorstellungen erzeugt, dass dadurch nicht geringe Zweifel und Disputationen unter den Geometern der Gegenwart veranlagst worden sind. Einige derselben, die in hohem Ansehen stehen, begnügen sich nicht mit der Behauptung, dass endliche Linien in eine unendliche Zahl von Theilen zerlegt werden können, sondern behaupten ferner noch, dass ein jeder dieser unendlich kleinen Theile selbst wieder in eine unendliche Zahl anderer Theile oder unendlich kleiner Grössen zweiter Ordnung zerlegbar sei und so fort in infinitum. Diese, sage ich, behaupten, es gebe unendlich kleine Theile unendlich kleiner Theile unendlich kleiner Grössen, ohne dass jemals ein Ende erreicht werde, so dass nach ihnen ein Zoll nicht nur eine unendliche Zahl von Theilen enthält, sondern eine Unendlichkeit einer Unendlichkeit einer Unendlichkeit von Theilen, in's unendliche hin. Andere halten dafür, dass alle Ordnungen von Infinitesimalgrössen unterhalb der ersten gar nichts seien, indem sie die Annahme mit gutem Grunde für absurd halten, dass es irgend, eine positive Quantität oder eine Theilgrösse einer Ausdehnung gebe, welche, obschon unendlich vervielfacht, niemals der kleinsten gegebenen Ausdehnung gleich werden könne. Und doch scheint es andererseits nicht weniger absurd, anzunehmen, dass das Quadrat, der Cubus oder eine andere Potenz einer positiven realen Basis selbst gar nichts sei, was diejenigen behaupten müssen, welche Infinitesimalgrössen der ersten Ordnung, aber keine der höheren Ordnungen annehmen.

CXXXI. Haben wir also nicht Recht, zu folgern, dass sie beide im Unrecht seien, und dass es in der That nichts Derartiges gebe, wie unendlich kleine Theile oder eine unendliche Zahl von Theilen, die in einer endlichen Grösse enthalten seien? Aber ihr werdet sagen, wenn diese Lehre gälte, so würden die Grundlagen der Geometrie zerstört werden, und die grossen Männer, welche diese Wissenschaft zu einer so erstaunlichen Hohe gebracht haben, hätten ein Luftschloss gebaut. Hierauf kann entgegnet werden, dass alles, was in der Geometrie nützlich ist und dem menschlichen Leben Förderung gewährt, doch gesichert und durch unsere Principien unerschüttert bleibt. Diese Wissenschaft wird, als eine praktische betrachtet, eher Vortheil aus dem Gesagten ziehen, als irgend eine Schädigung zu befürchten haben. Dies aber in das rechte Licht zu stellen, mag die Aufgabe einer besondern Untersuchung sein. Mag übrigens folgen, dass einige der verwickeltsten und subtilsten Theile der theoretischen Mathematik wegfallen werden ohne irgend eine Benachtheiligung der Wahrheit, so sehe ich doch nicht, was für einen Schaden die Menschheit davon haben werde. Im Gegentheil, es wäre sehr zu wünschen, dass Männer von grossen Fähigkeiten und ausdauerndem Fleiss ihre Gedanken von jenen Ergetzungen ablenkten und dieselben dem Studium solcher Dinge zuwendeten, die den Angelegenheiten des Lebens näher liegen oder mehr directen Einfluss auf die Sitten haben.

CXXXII. Wenn man sagt, dass einige unzweifelhaft wahre Sätze durch Methoden, wobei von dem Unendlichen Anwendung gemacht worden ist, entdeckt worden seien, und dass dies nicht möglich gewesen wäre, wenn die Existenz desselben einen Widerspruch in sich schlösse, so antworte ich, dass bei einer eindringenden Untersuchung nicht gefunden werden wird, dass in irgend einem Falle unendlich kleine Theile endlicher Linien gedacht oder angewandt werden müssen oder auch nur Quantitäten, die geringer wären, als das sinnlich wahrnehmbare Minimum; ja es wird einleuchten, dass dies auch in der That niemals geschehe, da es unmöglich ist.

CXXXIII. Aus dem Gesagten geht klar hervor, dass sehr zahlreiche und folgenschwere Irrthümer aus jenen falschen Principien hervorgegangen sind, die wir in den vorstehenden Theilen dieser Abhandlung bekämpft haben. Zugleich erweisen sich die denselben entgegengesetzten Annahmen als die fruchtreichsten Principien, aus welchen unzählige Consequenzen hervorgehen, die der wahren Philosophie ebensowohl, wie der Religion höchst vortheilhaft sind. Insbesondere ist gezeigt worden, dass die

Materie oder die absolute Existenz körperlicher Objecte dasjenige sei, worin die erklärtesten und verderblichsten Feinde aller menschlichen oder göttlichen Erkenntniss immer ihre Hauptstütze gesucht und worauf sie ihr Vertrauen gesetzt haben. Und fürwahr, wenn durch Unterscheidung der wirklichen Existenz nicht denkender Dinge von ihrem Erkanntwerden und durch die Annahme, dass sie eine Subsistenz an sich selbst ausserhalb der Seelen oder Geister haben, kein einziges Ding in der Natur erklärt wird, sondern im Gegentheil eine grosse Zahl unlösbarer Schwierigkeiten entsteht; wenn die Voraussetzung dass es Materie gebe, bloss eine prekäre ist, da sie sich nicht auch nur auf einen einzigen Grund stützt; wenn ihre Consequenzen nicht das Licht der Prüfung und freien Forschung ertragen, sondern sich durch die dunkle und unbestimmte Behauptung der Unbegreiflichkeit des Unendlichen decken; wenn zugleich die Beseitigung dieser Materie nicht die geringste üble Folge nach sich zieht, wenn dieselbe nicht einmal in der Welt vermisst wird, sondern jegliches Ding eben so leicht, ja leichter ohne sie sich begreifen lässt; wenn endlich sowohl Skeptiker, als Atheisten durch die Voraussetzung, dass es nur Geister und Ideen gebe, für immer zum Schweigen gebracht werden, und diese Ansicht sowohl der Vernunft, als der Religion gemäss ist: dann, denke ich, sollte man erwarten, dass dieselbe gebilligt und entschieden festgehalten werde, möchte sie auch nur als eine Hypothese aufgestellt und die Existenz der Materie als möglich zugegeben worden sein, während wir doch, wie ich glaube, deutlich gezeigt haben, dass dieselbe nicht möglich ist.

CXXXIV. Es ist wahr, dass zufolge der obigen Principien verschiedene Disputationen und Speculationen, die für nicht unwesentliche Theile der Gelehrsamkeit gehalten werden, als nutzlos wegfallen. Wie sehr dies aber auch gegen unsere Principien diejenigen einnehmen mag, welche schon sehr in Studien jener Art sich vertieft und grosse Fortschritte in denselben gemacht haben, so wird doch, hoffen wir, von Anderen nicht ein berechtigter Grund zur Verwerfung der hier dargelegten Principien und Sätze darin gefunden werden, dass dieselben die Mühe des Studiums vermindern und die menschlichen Wissenschaften klarer, übersichtlicher und zugänglicher machen, als sie zuvor waren.

CXXXV. Nach Erledigung dessen, was wir über die Erkenntniss von Ideen zu sagen beabsichtigten, haben wir, der oben aufgestellten Disposition zufolge, zunächst von *Geistern* zu handeln; die Erkenntniss, welche die Menschen von denselben haben, ist wohl nicht so mangelhaft, wie man gewöhnlich annimmt. Als Hauptgrund für die Ansicht, dass wir die Natur der Geister nicht kennen, wird angeführt, dass wir keine Idee davon haben. Aber es sollte doch fürwahr nicht als ein Mangel des menschlichen Verstandes angesehen werden, dass derselbe nicht die Idee *Geist* percipirt, wenn es offenbar unmöglich ist, dass es eine solche *Idee* gebe; dies aber ist, wenn ich nicht irre, in Section XXVII bewiesen worden, wozu ich hier noch füge, dass gezeigt worden ist, ein Geist sei die einzige Substanz oder der Träger, worin die nichtdenkenden Dinge oder Ideen existiren können, und dass es offenbar eine ungereimte Annahme ist, diese *Substanz*, welche Ideen trägt oder percipirt, sei selbst eine Idee oder ähnlich einer Idee.

CXXXVI. Vielleicht wird gesagt werden, es fehle uns ein Sinn, der (wie Einige sich eingebildet haben) geeignet sei, auch Substanzen zu erkennen; besässen wir denselben, so könnten wir unsere Seele eben so gut erkennen, wie wir ein Dreieck erken-

nen. Hierauf antworte ich: dass, wenn wir mit einem neuen Sinne
ausgestattet wären, wir dadurch doch nur gewisse neue Sinneswahrnehmungen oder sinnliche Ideen erlangen könnten.
Niemand aber, wie ich glaube wird sagen, was er unter den
Ausdrücken *Seele* und *Substanz* verstehe, sei nur eine besondere
Art von Idee oder Sinneswahrnehmung. Wir dürfen demgemäss
schliessen, dass, alles wohl erwogen, es ebensowenig vernunftgemäss ist, unsere Kräfte darum, weil sie uns nicht eine Idee von
einem Geiste oder einer thätigen denkenden Substanz liefern, für
mangelhaft zu halten, als es sein würde, sie wegen der Unfähig-
keit zu tadeln, ein rundes Viereck zu begreifen.

CXXXVII. Aus der Meinung, dass Geister nach der Weise
einer Idee oder Sinneswahrnehmung zu erkennen seien, sind
manche ungereimte und vom rechten Glauben abweichende
(heterodoxe) Annahmen und Zweifel mancherlei Art in Betreff
der Natur der Seele entstanden. Es ist sogar wahrscheinlich, dass
diese Meinung Einige zu dem Zweifel geführt hat, ob sie überhaupt irgend eine von ihrem Körper verschiedene Seele haben,
da sie bei der Untersuchung sich nicht im Besitz einer Idee von
ihr finden konnten. Dass eine *Idee*, welche unthätig ist und deren
Existenz im Percipirtwerden besteht, das Abbild oder das Gleich-
niss eines an sich bestehenden thätigen Wesens sei, scheint
keiner andern Widerlegung zu bedürfen, als der blossen
Aufmerksamkeit auf das, was unter jenen Worten verstanden
werde. Vielleicht aber werdet ihr sagen, wenn gleich eine Idee
einem Geiste nicht in dessen Denken, Handeln oder substanti-
ellem Bestehen gleichen könne, so könne sie ihm doch in andern
Beziehungen gleichen, und es sei nicht nöthig, dass eine Idee
oder ein Bild in allen Beziehungen seinem Original gleiche.

CXXXVIII. Ich antworte: wenn nicht in den erwähnten

Beziehungen, dann unmöglich in irgend welchen anderen. Nehmt die Fähigkeit des Wollens, Denkens und der Ideenperception hinweg, so bleibt nichts mehr übrig, worin eine Idee einem Geiste gleichen könnte. Denn unter dem Worte *Geist* verstehen wir nur das, was denkt, will und percipirt; dies und nur dies macht die Bedeutung dieses Wortes aus. Ist es also unmöglich, dass diese Vermögen in irgend einem Grade in einer Idee repräsentirt seien, so ist es offenbar, dass es keine Idee eines Geistes geben kann.

CXXXIX. Aber es wird entgegnet werden, wenn es keine durch die Ausdrücke *Seele, Geist* und *Substanz* bezeichneten Ideen gebe, so seien dieselben gänzlich bedeutungslos oder ohne Sinn. Ich antworte: diese Ausdrücke bedeuten oder bezeichnen ein wirkliches Ding, welches weder eine Idee, noch einer Idee ähnlich ist, sondern Ideen percipirt und in Bezug auf sie will und denkt. Was ich selbst bin, was ich durch den Terminus »*Ich*« bezeichne, ist identisch mit dem, was unter »*Seele*« oder »*geistige Substanz*« zu verstehen ist. Wird gesagt, dies heisse nur um ein Wort rechten, und da die unmittelbaren Bedeutungen anderer Namen mit allgemeiner Uebereinstimmung *Ideen* genannt würden, so könne kein Grund angeführt werden, warum das, was durch die Namen Geist oder Seele bezeichnet werde, nicht ebenso genannt werden solle, so antworte ich: alle nicht denkenden Objecte des Geistes kommen darin miteinander überein, dass sie gänzlich passiv sind, und dass ihre Existenz nur in ihrem Percipirtwerden besteht, wogegen eine Seele oder ein Geist ein actives Ding ist, dessen Existenz nicht im Percipirtwerden, sondern im Percipiren von Ideen und im Denken besteht. Es ist demgemäss zur Vermeidung von Zweideutigkeit und von Nichtunterscheidung völlig verschiedener und unähnlicher

Wesen erforderlich, zwischen *Geist* und *Idee* einen Unterschied zu machen. Siehe Section XXVII.

CXL. In einem weiteren Sinne des Wortes mag gesagt werden, dass wir eine Idee, oder vielmehr einen Begriff (notion) von einem Geiste haben: d.h. wir verstehen die Bedeutung des Wortes; andernfalls könnten wir ja nichts davon bejahen oder verneinen. Wie wir ferner die Ideen, welche in anderen Geistern sind, vermittelst unserer eigenen, die, wie wir voraussetzen, jenen ähnlich sind, verstehen, so erkennen wir andere Geister vermittelst unserer eigenen Seele, welche in diesem Sinne das Abbild oder die Idee jener ist, indem sie eine gleiche Beziehung zu anderen Geistern hat, wie Bläue oder Hitze, die ich percipire, zu den gleichartigen, durch einen Andern percipirten Ideen.

CXLI. Man muss nicht meinen, dass die, welche der Seele eine in ihrem Wesen begründete (natürliche) Unsterblichkeit zuschreiben, dafür halten, dieselbe könne absolut nicht vernichtet werden, selbst nicht durch die Allmacht ihres Schöpfers; sie behaupten nur, sie sei nicht vermöge der gewöhnlichen Gesetze der Natur oder der Bewegung dem Zerfallen oder Aufgelöst-werden ausgesetzt. Diejenigen dagegen, welche annehmen, die Seele eines Menschen sei nur eine feine Lebensflamme oder ein System von materiellen Lebensgeistern, lassen sie vergänglich und zerstörbar, gleich, dem Körper sein, da nichts leichter zerstreut werden kann, als solch' ein Ding, welches der Natur gemäss unmöglich die Auflösung des umschliessenden Gehäuses überleben kann. Und diese Vorstellung ist begierig ergriffen und gehegt worden von dem schlechtesten Theile der Menschen als das wirksamste Gegenmittel gegen alle Eindrucke der Tugend und Religion. Aber es ist deutlich gezeigt worden, dass Körper, von welchem Bau oder Gefüge sie auch seien, nur passive Ideen

im Geiste sind, der von ihnen weiter absteht und ihnen ungleich-
artiger ist, als das Licht von der Finsterniss. Die Seele ist, wie
wir gezeigt haben, untheilbar, unkörperlich, unausgedehnt, folglich auch unzerstörbar. Nichts kann deutlicher sein, als dass der
Naturlauf, d.h. die Bewegungen, Wechsel, der Verfall und die
Auflösung, wovon wir stündlich Naturkörper betroffen sehen,
unmöglich eine thätige, einfache, unzusammengesetzte Substanz
betreffen kann; ein solches Ding ist demgemäss nicht durch die
Kraft der Natur zerstörbar, d.h. *die menschliche Seele hat eine
natürliche Unsterblichkeit.*

CXLII. Nach dem Gesagten ist es, denke ich, klar, dass
unsere Seelen nicht in derselben Weise, wie empfindungslose
unthätige Objecte oder in der Weise einer *Idee* erkannt werden
können. *Geister* und *Ideen* sind so durchaus verschiedene Dinge,
dass, wenn wir sagen, sie existiren, sie werden erkannt, nicht
angenommen werden darf, dass diese Worte irgend etwas beiden
Wesen Gemeinsames bezeichnen; es giebt nichts Aehnliches
oder Gemeinsames in ihnen, und die Erwartung, dass wir durch
irgend eine Vermehrung oder Erweiterung unserer Geisteskräfte
befähigt werden könnten, einen Geist so zu erkennen, wie wir ein
Dreieck erkennen, scheint mir ebenso ungereimt zu sein, als
wenn wir hofften, *einen Ton zu sehen.* Ich betone dies, weil ich
denke, dass es von Bedeutung ist zur Klärung verschiedener
wichtiger Fragen und zur Vermeidung einiger sehr gefährlichen
Irrthümer, welche die Natur der Seele betreffen. Man kann,
glaube ich, streng genommen nicht sagen, dass wir eine *Idee* von
einem thätigen Ding oder von einer Thätigkeit haben, obwohl
man sagen kann, dass wir einen *Begriff* (eine Vorstellung, notion)
davon haben. Ich habe eine gewisse Kenntniss oder einen Begriff
von meinem Geiste und seinen Thätigkeiten, die sich auf Ideen

beziehen, sofern ich weiss oder verstehe, was mit jenen Worten gesagt werden soll. Was ich weiss, davon habe ich einen Begriff. Ich schliesse nicht aus, dass die Ausdrücke *Idee* und *Begriff* miteinander vertauschbar gebraucht werden, wenn die Welt es so will. Aber es fördert doch die Klarheit und Bestimmtheit, sehr verschiedene Dinge mit verschiedenen Namen zu bezeichnen. Ebenso ist zu bemerken, dass, da alle Beziehungen eine Thätigkeit des Geistes in sich schliessen, nicht in strengem Sinn gesagt werden kann, dass wir eine Idee, sondern vielmehr zu sagen ist, dass wir einen Begriff von den Beziehungen oder Verhältnissen zwischen den Dingen haben. Indess wenn, wie es heute üblich ist, das Wort *Idee* auf Geister, Beziehungen und Thätigkeiten mitbezogen wird, so handelt es sich dabei schliesslich doch nur um den Wortgebrauch.

CXLIII. Es wird nicht unpassend sein, hier noch die Bemerkung beizufügen, dass die Lehre von den *abstracten Ideen* keinen geringen Antheil daran gehabt hat, die Wissenschaften, welche eigens von geistigen Dingen handeln, verwickelt und dunkel zu machen. Man hat sich vorgestellt, man könne abstracte Begriffe von den Kräften und Thätigkeiten des Geistes bilden und dieselben abgelöst ebensowohl von der Seele oder dem Geiste selbst, wie von ihren bezüglichen Objecten und Wirkungen betrachten. In Folge hiervon ist eine grosse Zahl von dunklen und mehrdeutigen Ausdrücken, welche abstracte Begriffe bezeichnen sollen, in die Metaphysik und Moral eingeführt worden, und hieraus sind unzählige Verwirrungen und Disputationen unter den Gelehrten erwachsen.

CXLIV. Aber nichts scheint mehr zum Aufkommen von Streitigkeiten und Irrungen, welche die Natur und die Thätigkeiten der Seele betreffen, beigetragen zu haben, als der

Gebrauch, von jenen Dingen in Ausdrücken zu reden, die von sinnlichen Dingen entnommen sind. So wird z.B. der Wille als die *Bewegung* der Seele bezeichnet: dies flösst den Glauben ein, der menschliche Geist sei wie ein Ball in Bewegung, angestossen und bestimmt durch die Sinnesobjecte mit gleicher Nothwendigkeit, wie dies durch den Schlag eines Ballschlägels geschieht. Hieraus fliessen endlose Zweifel und Irrthümer mit gefährlichen Folgen auf dem Gebiete der Moral. Dieses alles kann, ich zweifle daran nicht, geklärt werden und die Wahrheit kann schlicht, einfach und in sich wohlgegründet erscheinen, falls nur die Philosophen dazu bestimmt werden könnten, in sich selbst einzukehren und aufmerksam ihre eigenen Gedanken zu betrachten.

CXLV. Aus dem Gesagten geht klar hervor, dass wir die Existenz anderer Geister auf keine andere Weise, als durch ihre Thätigkeiten oder durch die von ihnen in uns hervorgerufenen Ideen erkennen können. Ich nehme verschiedene Bewegungen, Veränderungen und Verknüpfungen von Ideen wahr, die mir bekunden, dass es bestimmte einzelne thätige Wesen gleich mir selbst giebt, welche damit in Verbindung stehen und an der Hervorbringung derselben Theil haben. Hiernach ist die Kenntniss, welche ich von anderen Geistern habe, keine unmittelbare, wie die Kenntniss meiner Ideen es ist, sondern sie ist durch Ideen vermittelt, welche ich als Wirkungen oder begleitende Zeichen auf thätige Wesen oder Geister beziehe, die von mir selbst verschieden sind.

CXLVI. Aber obwohl es einige Dinge giebt, die uns überzeugen, dass die Wirksamkeit menschlicher Wesen an ihrer Hervorbringung betheiligt sei, so ist es doch einem Jeden klar, dass *die* Dinge, welche wir Naturproducte nennen, d.h. der weitaus grössere Theil der von uns percipirten Ideen oder Sinneswahrnehmungen, nicht durch menschliche Willensacte hervorgebracht oder von denselben abhängig ist. Es existirt also ein anderer Geist, der sie verursacht, da die Annahme, dass sie durch sich selbst bestehen, einen Widerspruch in sich schliessen würde. Siehe Section XXIX. Wenn wir aber aufmerksam jene beständige Regelmässigkeit, Ordnung und Verkettung der Naturobjecte betrachten, die erstaunliche Pracht, Schönheit und Vollkommenheit der grösseren und die höchste Kunst in der Bildung der kleineren Theile der Schöpfung, zugleich mit der genauen Uebereinstimmung und dem Zusammenhang aller Theile des Ganzen, und vor Allem die niemals genug bewunderten Gesetze des Schmerzes und der Lust und die Instincte oder Naturtriebe, Bestrebungen und Affecte der Thiere: wenn wir, sage ich, dieses alles in Betracht ziehen und gleichzeitig den Sinn und die Bedeutung der Attribute »Einer, ewig, unendlich weise, gut und vollkommen« beachten, so werden wir klar erkennen, dass sie dem vorhin erwähnten Geiste angehören, *der alles in allem wirkt* und *durch den alles besteht*.

CXLVII. Hieraus leuchtet ein, dass Gott eben so gewiss und unmittelbar erkannt wird, wie irgend ein anderes psychisches Wesen oder ein Geist, welcher es auch sei, der von uns selbst verschieden ist. Wir dürfen sogar behaupten, dass die Existenz Gottes weit einleuchtender percipirt werde, als die Existenz von Menschen, weil die Naturwirkungen unendlich zahlreicher und beträchtlicher sind, als die, welche Menschen zugeschrieben werden. Es giebt durchaus kein Merkmal, das einen Menschen oder eine von ihm hervorgebrachte Wirkung bekundet, und das nicht noch strenger das Sein jenes Geistes erwiese, welcher der *Urheber der Natur* ist. Denn es leuchtet ein, dass bei der Afficirung anderer Personen der Wille eines Menschen kein anderes

Object hat, als nur die Bewegung der Glieder seines Leibes; dass aber eine solche Bewegung von irgend einer Idee im Geiste eines Andern begleitet sei oder dieselbe hervorrufe, hängt gänzlich von dem Willen des Schöpfers ab. Er allein ist der, welcher, da er alle Dinge trägt durch das Wort seiner Macht, jene Beziehung zwischen Geistern aufrecht erhält, wodurch sie fähig sind, ihre Existenz gegenseitig zu erkennen. Dieses reine und helle Licht aber, welches Jeglichen erleuchtet, ist selbst unsichtbar.

CXLVIII. Die Menge gedankenloser Personen scheint ganz allgemein vorzuschützen, dass man Gott nicht sehen könne. Könnten wir ihn nur sehen, sagen diese Leute, wie wir einen Menschen sehen, so würden wir glauben, dass er sei, und auf Grund dieses Glaubens seinen Geboten gehorchen. Aber ach! wir brauchen ja nur unsere Augen zu öffnen, um den Oberherrn aller Dinge in vollerem Maasse und mit höherer Klarheit zu schauen, als irgend eines unserer Mitgeschöpfe. Ich stelle mir nicht vor, dass wir (wie Einige wollen) Gott durch einen directen und unmittelbaren Anblick sehen, oder dass wir körperliche Dinge nicht durch sich selbst sehen, sondern durch das, was sie im Wesen Gottes repräsentirt, welche Lehre, wie ich bekennen muss, mir unverständlich ist. Doch ich will meine Meinung erläutern. Bin menschlicher Geist, eine menschliche Person, wird nicht sinnlich percipirt, da er nicht eine Idee ist; sehen wir also die Farbe, Grösse, Gestalt und die Bewegungen eines Menschen, so percipiren wir nur gewisse Sinneswahrnehmungen oder Ideen in unseren eigenen Geistern, und da diese unserem Blick in mehreren besonderen Gruppen sich darstellen, so dienen sie dazu, uns die Existenz von endlichen und geschaffenen Geistern, die uns selbst ähnlich sind, anzuzeigen. Hieraus ist klar, dass wir nicht einen Menschen sehen, wenn unter *Mensch* etwas uns

Aehnliches, das lebt, sich bewegt, wahrnimmt und denkt, verstanden wird, sondern nur einen solchen Ideencomplex, der uns anleitet, zu denken, dass ein besonderes Denk- und Bewegungsprincip, welches uns selbst gleiche, damit zugleich vorhanden und dadurch repräsentirt sei. In der nämlichen Weise sehen wir Gott; der ganze Unterschied liegt darin, dass, während irgend eine endliche und begrenzte Gruppe von Ideen einen einzelnen menschlichen Geist anzeigt, wir jederzeit und überall, wohin wir auch unsere Blicke richten mögen, deutliche Spuren der Gottheit erblicken, da jegliches Ding, das wir sehen, hören, fühlen oder irgendwie sinnlich wahrnehmen, ein Zeichen oder eine Wirkung der göttlichen Macht ist, in eben der Weise, wie unsere Perceptionen der von Menschen hervorgebrachten Bewegungen uns als Zeichen dienen.

CXLIX. Es ist also klar, dass nichts offenbarer für Jeden, der des geringsten Nachdenkens fähig ist, sein kann, als die Existenz Gottes oder eines Geistes, der unsern Geistern innerlich gegenwärtig ist, indem er in ihnen alle jene Mannigfaltigkeit von Ideen oder Sinneswahrnehmungen hervorbringt, die uns beständig afficiren, eines Geistes, von dem wir absolut und gänzlich abhängig sind, kurz, »in dem wir leben, weben und sind«. Dass zur Entdeckung dieser grossen Wahrheit, die dem Geiste so nahe liegt und so zugänglich ist, nur die Vernunft so Weniger gelangt, ist ein betrübender Beweis der Stumpfheit und Unaufmerksamkeit der Menschen, die, obschon sie rings umgeben sind von so klaren Selbstbezeugungen der Gottheit, doch so wenig davon ergriffen werden, dass es scheint, als seien sie gleichsam geblendet durch ein Uebermaass von Licht.

CL. Aber, werdet ihr sagen, hat denn die Natur keinen Antheil an der Hervorbringung von Naturobjecten und müssen diese alle der unmittelbaren und alleinigen Wirksamkeit Gottes zugeschrieben werden? Ich antworte: wird unter *Natur* nur verstanden die sichtbare *Reihe* von Wirkungen oder von Sinneswahrnehmungen, welche nach gewissen feststehenden und allgemeinen Gesetzen unserm Geiste eingeprägt sind: dann ist klar, dass die Natur in diesem Sinne des Wortes überhaupt nichts hervorbringen kann. Wird aber unter *Natur* ein sowohl von Gott, als auch von den Naturgesetzen und sinnlich percipirten Dingen verschiedenes Wesen verstanden, so muss ich gestehen, dass mir dann dieses Wort ein leerer Schall ohne irgend eine verständliche Bedeutung ist. Natur in diesem Sinne ist ein eitles Wahngebilde, welche die Heiden aufgebracht haben, die keinen richtigen Begriff von der Allgegenwart und unendlichen Vollkommenheit Gottes besassen. Unerklärlicher aber ist, dass es Eingang finden konnte unter Christen, welche an die heilige Schrift zu glauben bekannten, die doch beständig der unmittelbaren Hand Gottes jene Wirkungen zuschreibt, welche die heidnischen Philosophen als Wirkungen der Natur zu erklären pflegen. »Der Herr ziehet die Nebel auf vom Ende der Erde; er macht die Blitze im Regen und lässt den Wind kommen aus verborgenen Orten« (Jerem. X, 13). »Er macht aus der Finsterniss den Morgen und aus dem Tage die finstere Nacht« (Amos V, 8). »Du suchest das Land heim und wässerst es und machest es sehr reich. Du segnest sein Gewächs, und krönest das Jahr mit Deiner Güte. Die Anger sind voll Schaafe, und die Auen stehen dick mit Korn« (Psalm LXV, 10 – 14). Obschon dies aber die beständige Sprache der Schrift ist, so haben wir doch, ich weiss nicht was für eine Abneigung, zu glauben, dass Gott sich so direct mit unseren Angelegenheiten befasse. Gern möchten wir ihn in einem grossen Abstande von uns denken und eine blinde, nicht denkende Vertretung an seine

Stelle setzen, obschon (wenn wir dem hl. Paulus glauben dürfen) »er nicht fern ist von einem Jeglichen unter uns«.

CLI. Es wird ohne Zweiter entgegen werden, die langsame und allmähliche Weise, die sich bei der Entstehung von Naturobjecten beobachten lasse, scheine zu ihrer Ursache nicht die unmittelbare Hand eines *allmächtigen wirkenden Wesens* zu haben. Zudem sind Monstra, unzeitige Geburten, nicht zur Entwicklung gelangte Früchte, Regen in Wüsteneien, Unglücksfälle, die das menschliche Leben treffen, eben so viele Argumente dafür, dass der gesammte Bau der Natur nicht unmittelbar durch einen Geist von unendlicher Weisheit und Güte bewirkt und beaufsichtigt werde. Die Antwort aber auf diesen Einwurf liegt grossentheils schon in Section LXII. vor: es ist offenbar, dass die vorerwähnten Wirkungsweisen der Natur durchaus erforderlich sind zu dem Zweck, nach den einfachsten und allgemeinsten Gesetzen und auf eine gleichförmige und beständige Weise zu wirken, was für Gottes Weisheit und Güte zeugt. Solcher Art ist die kunstvolle Einrichtung des grossen Mechanismus der Natur, dass, während ihre Bewegungen und mannigfachen Erscheinungen unsere Sinne treffen, die Hand selbst, welche das Ganze bewirkt, den fleischlichen Menschen unwahrnehmbar ist. »Fürwahr« (sagt der Prophet) »Du bist ein verborgener Gott« (Jesaias XLV, 15). Aber wiewohl Gott sich den *Sinnlichen* und *Trägen* verbirgt, die sich nicht im Geringsten mit Denken bemühen wollen, so kann doch dem vorurtheilslosen und aufmerksamen Geiste nichts deutlicher erkennbar sein, als die Gegenwart eines allweisen Geistes im Innersten der Dinge, der das System alles Seienden gestaltet, ordnet und aufrecht erhält. Es ist nach dem, was wir an anderen Stellen bemerkt haben, offenbar, dass das Wirken nach allgemeinen und feststehenden

Gesetzen so nothwendig zu unserer Leitung in den Geschäften des Lebens und Einweihung in das Geheimniss der Natur ist, dass ohne dies auch der umfassendste Verstand, aller menschliche Scharfsinn und alle Ueberlegung zu gar keinem Zwecke dienen könnten; es wäre sogar unmöglich, dass es solche Vermögen oder Kräfte im Geiste gäbe. Siehe Section XXXI. Diese eine Rücksicht wiegt reichlich alle einzelnen Unzuträglichkeiten auf, die aus der Gesetzmässigkeit hervorgehen mögen.

CII. Wir sollten ferner in Betracht ziehen, dass gerade die Flecken und Mängel der Natur nicht ohne Nutzen sind, indem, sie eine angenehme Mannigfaltigkeit bewirken und die Schönheit des übrigen Theiles der Schöpfung erhöhen, wie Schatten in einem Gemälde dazu dienen, die helleren und lichteren Theile zu heben. Es wäre auch gut, wenn wir prüfen möchten, ob unsere Auffassung der Ueberfülle an Saamen und Keimen und der zufälligen Zerstörung von Pflanzen und Thieren als eines unzweckmässigen Verfahrens des Urhebers der Natur nicht die Wirkung eines Vorurtheils sei, welches aus dem gewohnten Verfahren schwacher und sparsamer Sterblichen hergeflossen ist. Bei einem Menschen mag mit Recht eine haushälterische Verwaltung solcher Dinge, die er sich nicht ohne viele Mühe und Fleiss verschaffen kann, für *Weisheit* gehalten werden. Aber wir dürfen nicht uns vorstellen, dass der unerklärbar feine Mechanismus eines Thieres oder einer Pflanze dem grossen Schöpfer irgendwie mehr Mühe oder Sorge bei dem Acte des Erschaffens, als ein Kiesel, koste, da nichts einleuchtender ist, als dass ein allmächtiger Geist gleichmässig ein jegliches Ding durch ein blosses »Es werde« oder einen Act seines Willens hervorbringen kann. Hiernach ist klar, dass der grossartige Aufwand von Naturobjecten nicht als Schwäche oder Verschwendung von Seiten des sie hervorbringenden wirkenden Wesens gedeutet werden, sondern vielmehr als ein Beweis der Fülle seiner Macht gelten sollte.

CLIII. Die Zumischung von Schmerz und Ungemach, die in der Welt gemäss den Naturgesetzen und den Handlungsweisen endlicher unvollkommener Geister ist, ist in unserm gegenwärtigen Zustande durchaus erforderlich für unser Wohlsein. Aber unser Blick ist zu beschränkt: wir fassen z.B. die Idee irgend eines einzelnen Schmerzes ins Auge und bezeichnen denselben als ein *Uebel*; wenn wir dagegen unsern Blick erweitern, so dass wir die verschiedenen Zwecke, Verbindungen und Abhängigkeitsverhältnisse der Dinge betrachten, und erwägen, bei was für Gelegenheiten und in welchen Verhältnissen wir mit Schmerz und Lust afficirt werden, wenn wir das Wesen der menschlichen Freiheit und den Zweck, um deswillen wir in die Welt hineingesetzt worden sind, begreifen: so werden wir uns genöthigt sehen, anzuerkennen, dass jene einzelnen Dinge, die an sich als Uebel erscheinen, die Natur eines Gutes haben, sofern sie in ihrer Verbindung mit dem ganzen System der Dinge betrachtet werden.

CLIV. Nach dem Gesagten wird es jedem Nachdenkenden einleuchten, dass nur aus Mangel an Aufmerksamkeit und umfassendem Denken einige Personen, als Begünstiger des Atheismus oder auch der manichäischen Häresie auftreten. Beschränkte und nicht nachdenkende Geister mögen zwar die Werke der Vorsehung, die Schönheit und Ordnung, die zu begreifen sie nicht im Stande sind oder sich nicht die Mühe geben wollen, herabsetzen. Aber wer auch nur einigermaassen richtig und umfassend zu denken vermag, und zugleich Uebung im Nachdenken hat, kann niemals genug die Spuren der göttlichen Weisheit und Güte

bewundern, die aus der Einrichtung der Natur hervorleuchten.
Jedoch welche Wahrheit gäbe es wohl, die so klar dem Geiste
einleuchtete, dass wir nicht durch eine Abkehr unseres Denkens,
ein freiwilliges Schliessen der Augen, ihrer Anerkennung zu
entgehen vermöchten? Darf man sich demnach wundern, wenn
man finden sollte, dass die grosse Menge der Menschen, stets auf
Geschäfte oder auf Vergnügen ausgehend und wenig gewöhnt,
die Augen ihres Geistes zu öffnen und fest auf ein Object zu
richten, nicht die volle Ueberzeugung und Gewissheit von dem
Sein Gottes habe, welche bei vernünftigen Wesen zu erwarten
wäre?

CLV. Wir können uns nicht sowohl darüber wundern, dass
unachtsame Menschen unüberzeugt bleiben von einer so
einleuchtenden und wichtigen Wahrheit, als vielmehr darüber,
dass Menschen gefunden werden können, die so stumpf sind,
unachtsam zu bleiben. Und doch ist zu fürchten, dass nur zu viele
Menschen, welche Fähigkeiten und Musse haben und in christli-
chen Ländern leben, bloss durch eine trage, erschreckliche
Unachtsamkeit in einen gewissen Atheismus verfallen sind.
Denn es ist durchaus unmöglich, dass eine von der vollen
Empfindung der Allgegenwart, Heiligkeit und Gerechtigkeit
jenes allmächtigen Geistes durchdrungene und erleuchtete Seele
ohne Gewissensbisse in einer Verletzung seiner Gesetze beharre.
Wir sollten also ernstlich und anhaltend nachdenken über jene
wichtigen Punkte, um so eine völlig zweifellose Ueberzeugung
davon zu gewinnen, »dass die Augen des Herrn überall
hinschauen auf Böse und Gute, dass er mit Tina ist und uns
schützt überall, wohin wir gehen, und uns Brod zu essen giebt
und Kleidung anzuziehen«; dass er uns gegenwärtig ist und
unsere innersten Gedanken kennt, und dass wir in der absolu-

testen und unmittelbarsten Abhängigkeit vor ihm stehen. Ein klarer Blick auf diese grossen Wahrheiten muss nothwendig unsere Herzen mit ehrfurchtsvoller Andacht und heiliger Furcht erfüllen, welche der kräftigste Antrieb zur *Tugend* und der beste Schutz gegen das *Laster* ist.

CLVI. Denn was im Grunde doch den Vorrang vor allen unseren anderen Studien verdient, ist die Betrachtung Gottes und unserer Pflicht. Diese zu befördern, war die Hauptabsicht und das Ziel meiner Arbeit, und ich werde diese für durchaus unnütz und fruchtlos halten, wenn ich nicht durch das, was ich gesagt habe, meine Leser mit einem frömmern Gefühl der Gegenwart Gottes erfüllen und durch Aufzeigung der Falschheit oder Leerheit jener unfruchtbaren Speculationen, welche die Hauptbeschäftigung der Gelehrten ausmachen, sie geneigter machen kann zur ehrfurchtsvollen Annahme der heilsamen Wahrheiten des Evangeliums, deren Erkenntniss und Ausübung die höchste Vollendung des menschlichen Wesens ist.

www.ingramcontent.com/pod-product-compliance
Lightning Source LLC
Chambersburg PA
CBHW020843150726
48196CB00002B/191